발간에 즈음하여

우리민족은 저력있는 민족이다. 민주주의를 도입하면서 수많은 시행착오를 겪었다.

유튜브나 통신매체의 발달로 실시간 뉴스를 매일 한눈에 접한다. 입법 사법 행정부 3권 분립으로 되어있는데 수 천가지 현안을 토론하고 의결하는 구의회 시의회의원을 선출한다.

법률1줄이 민생에 걸려있는 시점에서 합리적인 판단을 내려 조례 규칙 등 현안을 미래지향적으로 해결하는 의결기관을 맡을 인재를 뽑는다.

국민을 행복하게 국민을 건강하게 국민의 생활을 올바르게 방향을 잡고 처리할 인재저출산률 양극화를 해결할 기관을 뽑는 날이고 유능한 인재를 널리 고용하여 국가 발전의 초석으로 삼아야 한다.

수천가지 시행착오를 거울삼아 국민의 나침판이 될 인재를 뽑아야 한다.

현 정부는 일처리를 잘하는 의원을 원한다.

지장선거에 관심을 갖고 명퇴한 직장인 사회경험이 있는자가 많이 도전했으면 하는 바램이다. 국가적으로 직면한 문제 각 구별로 직면한 문제를 국민의 차원에서 보호하고 해결했으면 하는 바램이다.

우리 사회는 초고령화에 직면해 있다. 잘못 관리하면 민족의 역사의 죄인이 될 수 있다.

국민에 직면한 빈부차, 치매발병률, 자살율, 저출산률 오명을 치유할 인재를 뽑아야 한다.

같은 돈으로 효과적으로 해결한다면 건강도 찾고 실업률도 해소하고 안보식량도 해결하는 초강대국이 되는 기회로 삼아야 한다.

해결방안은 아이디어 산출 정부협력 민관합동작전으로 수행되어야 한다. 자본주의 빈부차 원인을 파헤쳐 요인을 제거해야 한다.

치매발병원인과 대책을 수립해야 한다. 자살률 원인을 파악하고 함께 사는 사회를 만들어야 한다.

500세대 단위 도서관 건립은 치매발병률 고용창출을 상생할 수 있다.

방통대 확장은 배우지 못한 배움을 저렴한 비용으로 격상시킬 수 있다.

스마트팜농업 확대지원은 안보식량과 고용창출을 할 수 있다. 소형태양광 확대사업은 국가적으로 에너지위기를 극복하고 고용창출도할 수 있다. 우리민족을 이씨조선 500년 과거시험으로 학문의 중요성 실요의 중요성을 체감한 민족이다.

우리함께 노력합시다.

저자 김정수 배상

2022. 6. 1.(수) 실시

제8회 전국동시지방선거

정당 · 예비후보자 등을 위한

선 거 사 무 안 내

중앙선거관리위원회

1. 이 안내서의 내용 중 법규명·선거관리위원회 명칭 등은 아래와 같이 표시하였습니다.
   ○ 공직선거법 ·· 법
   ○ 정치자금법 ··· 정금법
   ○ 지방교육자치에관한법률 ··· 교자법
   ○ 공직선거관리규칙 ··· 규칙
   ○ 정치자금사무관리 규칙 ··· 정금규칙
   ○ 교육감선거 관리규칙 ··· 교육규칙
   ○ 공직선거관리규칙 별지서식 ······························· 규칙 별지서식
   ○ 정치자금사무관리 규칙 별지서식 ·················· 정금규칙 별지서식
   ○ 선거관리위원회 ·· 위원회
   ○ 중앙선거관리위원회 ··· 중앙위원회
   ○ 특별시·광역시·특별자치시·도·특별자치도선거관리위원회 ·············· 시·도위원회
   ○ 선거구 선거사무를 관할하는 선거관리위원회 ··· 관할선거구위원회
   ○ 관할 구·시·군선거관리위원회 ······························· 관할구·시·군위원회
   ○ 후보자가 되고자 하는 사람 ·· 입후보예정자

2. 교육감선거는 동 안내서에 별도로 게재되지 아니한 경우 시·도지사선거에 관한 규정을 준용하며, 정당이나 기호와는 관련이 없습니다.

3. 법 및 규칙에 따라 각급위원회에 대하여 행하는 예비후보자와 관련된 신청·신고·제출 등은 일반직 국가공무원의 정상근무일의 오전 9시부터 오후 6시까지 하여야 합니다.

4. 이 안내서에 수록되지 아니한 내용 등은 선거관리위원회가 따로 발간·배부하는 『2022년 양대선거 정치관계법 사례예시집』, 『제8회 전국동시지방선거 (예비)후보자 및 그 후원회의 정치자금 회계실무』 등을 참고하기 바랍니다.

● ● ● ● 차　례 ● ● ● ●

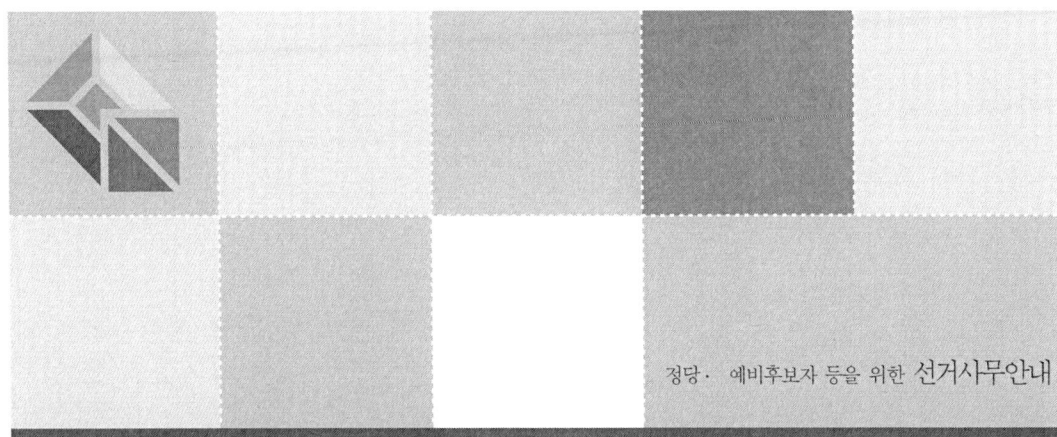

정당· 예비후보자 등을 위한 선거사무안내

I 제8회 전국동시지방선거 개관

I 제8회 전국동시지방선거 개관

구 분	주 요 일 정
2022년 1월	선거비용제한액 공고·통지(1. 21.까지) ⇨ 모든 선거 일괄공고
	예비후보자홍보물 발송수량 공고(1. 22.까지)
2022년 2월	시·도지사 및 교육감선거 예비후보자 등록(2. 1.부터)
	시·도의원, 구시의원 및 장의 선거 예비후보자 등록(2. 18.부터)
2022년 3월	입후보제한직 및 선거사무관계자가 되고자 하는 자의 사직(3. 3.까지)
	의정활동 보고 금지(3. 3.~6. 1.)
	군의원 및 장의 선거 예비후보자 등록(3. 20.부터)
2022년 5월	후보자등록신청(5. 12.~5. 13.)
	선거기간개시일(5. 19.) / 선거운동기간(5. 19.~5. 31.)
	선거벽보 제출(5. 18.까지)
	선거공보 제출(5. 20.까지)
	사전투표(5. 27.~5. 28.)
2022년 6월	투표 및 개표(6. 1.)
	선거비용 보전청구(6. 13.까지)
2022년 7월	선거비용 보전(7. 31.이내)

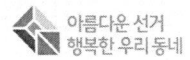

1 선거일 및 임기

가. 선 거 일 : 2022. 6. 1.(수)

　　※ 임기만료일 전 30일 이후 첫 번째 수요일. 다만, 선거일이 공휴일인 때에는 그 다음 주 수요일

나. 선거기간 : 2022. 5. 19.(목)~6. 1.(수) [14일간]

다. 임　　기 : 4년(2022. 7. 1.~2026. 6. 30.)

2 후보자 등록

가. 등록기간 : 2022. 5. 12.(목)~5. 13.(금) [매일 오전 9시~오후 6시]

나. 기탁금액

선　거　명	기탁금액
시 · 도 지 사 선 거 교 육 감 선 거	5,000만원
자 치 구·시·군 의 장 선 거	1,000만원
시 · 도 의 원 선 거	300만원
자 치 구·시·군 의 원 선 거	200만원

다. 기호결정

⑴ 후보자등록마감일 현재 국회에서 의석을 갖고 있는 정당의 추천을 받은 후보자(국회에서의 다수의석순), 의석이 없는 정당의 추천을 받은 후보자 (그 정당명칭의 가나다순), 무소속후보자(관할선거구위원회에서 추첨) 순으로 하며 "1, 2, 3" 등으로 표시함.

⑵ 다만, 국회에서 의석을 가지고 있는 정당 중 5명 이상의 소속 지역구 국회의원을 가진 정당이나 직전 대통령선거, 비례대표국회의원선거 또는 비례대표지방의회의원선거에서 전국유효투표총수의 100분의 3이상을 득표한 정당은 전국적으로 통일된 기호를 부여함.

(3) 교육감선거는 후보자등록마감 후 추첨으로 게재순위를 결정하되, 기초의원지역선거구(제주도·세종시는 광역의원지역선거구)별로 순차적으로 바꾸어 가는 순환배열 방식으로 결정함. ※ 기호는 표시하지 않음.

(4) 지역구자치구·시·군의원선거에서 정당이 같은 선거구에 2명 이상의 후보자를 추천한 경우 그 정당이 정한 순위로, 정하지 아니한 경우에는 관할선거구위원회에서 추첨하여 결정하되, 게재순위는 "1-가, 1-나, 1-다" 등으로 표시함.

3 선거운동

가. 선거운동기간 : 2022. 5. 19.(목) ～ 5. 31.(화) [13일간]

나. 선거운동의 정의

(1) 선거운동이란 당선되거나 되게 하거나 되지 못하게 하기 위한 행위를 말함.

(2) 다만, 다음에 해당하는 행위는 선거운동으로 보지 아니함.

　㈎ 선거에 관한 단순한 의견개진 및 의사표시

　㈏ 입후보와 선거운동을 위한 준비행위

　㈐ 정당의 후보자 추천에 관한 단순한 지지·반대의 의견개진 및 의사표시

　㈑ 통상적인 정당활동

　㈒ 설날·추석 등 명절 및 석가탄신일·기독탄신일 등에 하는 의례적인 인사말을 문자메시지(그림말·음성·화상·동영상 등 포함)로 전송하는 행위

　　※ 자동 동보통신의 방법으로 문자메시지 전송 가능

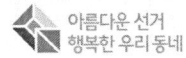

다. 선거운동기간의 예외

(1) 예비후보자로 등록한 사람은 법 제60조의3(예비후보자 등의 선거운동) 및 제60조의4(예비후보자공약집/지방자치단체장선거에 한함)에 따른 선거운동을 할 수 있음.

> ※ 후보자로 등록한 사람은 선거기간개시일 전일인 2022. 5. 18.(수)까지 예비후보자의 신분으로 위 규정에 따른 선거운동을 할 수 있음.

(2) 선거운동을 할 수 있는 사람은 상시 문자메시지(그림말·음성·화상·동영상 등 포함)를 전송하는 방법으로 선거운동을 할 수 있음.

> ※ 다만, 자동 동보통신의 방법으로 문자메시지를 전송할 수 있는 사람은 후보자 및 예비후보자에 한하며, 그 횟수는 8회(후보자의 경우 예비후보자로서 전송한 횟수 포함)를 넘을 수 없음.

(3) 선거운동을 할 수 있는 사람은 상시 인터넷 홈페이지 또는 그 게시판·대화방 등에 글이나 동영상 등을 게시하거나 전자우편(컴퓨터 이용자끼리 네트워크를 통하여 문자·음성·화상 또는 동영상 등의 정보를 주고받는 통신시스템을 말함.)을 전송하는 방법으로 선거운동을 할 수 있음.

> ※ 다만, 전자우편 전송대행업체에 위탁하여 전자우편을 전송할 수 있는 사람은 후보자와 예비후보자에 한함.

(4) 선거운동을 할 수 있는 사람은 선거일이 아닌 때에 전화(송·수화자간 직접 통화하는 방식에 한함. 컴퓨터를 이용한 자동 송신장치를 설치한 전화는 제외)를 이용하거나 말(확성장치를 사용하거나 옥외집회에서 다중을 대상으로 하는 경우를 제외)로 선거운동을 할 수 있음.

> ※ 전화를 이용한 지지호소의 경우 오전 6시부터 오후 11시까지 가능함.

(5) 후보자가 되려는 사람은 선거일 전 180일(2021. 12. 3.)부터 해당 선거의 예비후보자 등록신청 전까지 제60조의3제1항제2호(같은 호 단서 포함)에 따라 자신의 명함을 직접 주는 방법으로 선거운동을 할 수 있음.

> ※ 다만, 선박·정기여객자동차·열차·전동차·항공기의 안과 그 터미널·역·공항의 개찰구 안·병원·종교시설·극장의 옥내(대관 등으로 해당 시설이 본래의 용도 외의 용도로 이용되는 경우는 제외)에서는 배부할 수 없음.

4 선거비용

가. 선거비용제한액 공고 : 2022. 1. 22.(토)까지 [예비후보자등록신청개시일 전 10일까지]

　　※ 2022. 1. 21.(금) 선거비용제한액 일괄 공고 예정

나. 선거비용의 정의

　⑴ 당해 선거에서 선거운동을 위하여 소요되는 금전·물품 및 채무 그 밖에 모든 재산상의 가치가 있는 것으로서 당해 후보자(입후보예정자, 비례대표지방의회의원선거에 있어서는 그 추천정당 포함)가 부담하는 비용

　⑵ 입후보예정자 등이 법에 위반되는 선거운동을 위하여 지출한 비용과 기부행위제한규정을 위반하여 지출한 비용 등

다. 선거비용 보전

　⑴ 선거비용 보전청구 : 2022. 6. 13.(월)까지 [선거일후 10일까지]

　⑵ 선거비용 보전 : 2022. 7. 31.(일)이내 [선거일후 60일 이내]

　　※ 2022. 7. 29.(금) 선거비용 보전 예정

5 투 표 및 개 표

가. 사전투표

　⑴ 투표기간 : 2022. 5. 27.(금) ～ 5. 28.(토) [2일간]

　⑵ 투표시간 : 오전 6시 ～ 오후 6시

　⑶ 투표대상 : 거소투표 대상자를 제외한 모든 선거인

　⑷ 투표장소 : 전국 읍·면·동마다 1개소(군부대 밀집지역 등이 있는 경우 추가 설치·운영 가능)

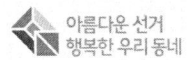

(5) 투표절차

투표소 입장 ➡ 관내·관외 확인 ➡ 본인여부 확인(전자적 방식의 손도장·서명)
➡ 투표용지 수령(관내선거인은 투표용지만 수령, 관외선거인은 투표용지와 주소
라벨이 부착된 회송용봉투 수령) ➡ 기표소에서 기표 ➡ 투표함 투입 ➡ 퇴장

나. 선거일 투표

⑴ 투표시간 : 2022. 6. 1.(수) 오전 6시～오후 6시

⑵ 투표대상 : 거소투표자·사전투표자를 제외한 해당 투표구의 선거인

⑶ 투표절차

투표소 입장 ➡ 본인여부 확인(선거인명부 서명·날인·손도장) ➡ 1차 투표용지
수령 ➡ 기표소에서 기표 ➡ 투표함 투입 ➡ 2차 투표용지 수령 ➡
기표소에서 기표 ➡ 투표함 투입 ➡ 퇴장

다. 개   표

⑴ 개표개시 : 개표소에 투표함이 도착하면 개시

⑵ 투표함 개함 : 개표참관인 참관 하에 투표함의 봉쇄·봉인 검사 후 개함

⑶ 개표절차

투표함 개함 및 투표지 정리(개함부) ➡ 투표지 분류(투표지분류기운영부)
➡ 투표지 심사·확인·집계(심사·집계부) ➡ 개표상황표 확인 ➡ 후보자(정당)별
득표수 검열 ➡ 위원장 공표

6 당선인 결정

선 거 명	결 정 방 법
시·도지사선거 교육감선거 자치구·시·군의 장선거	■ 유효투표의 다수를 얻은 자 　(단, 최고득표자가 2인 이상인 때에는 연장자) ■ 투표마감시각까지 후보자가 1인이 된 때에는 나머지 투표는 　실시하지 아니하고 그 후보자를 당선인으로 결정함.
지 역 구 시·도의원선거	■ 유효투표의 다수를 얻은 자 　(단, 최고득표자가 2인 이상인 때에는 연장자) ■ 투표마감시각까지 후보자가 1인이 된 때에는 나머지 투표는 　실시하지 아니하고 그 후보자를 당선인으로 결정함.
지 역 구 자치구·시·군의원선거	■ 유효투표의 다수를 얻은 자 순으로 의원정수에 이르는 자 　(단, 최고득표자가 2인 이상인 때에는 연장자순) ■ 투표마감시각까지 후보자수가 의원정수를 넘지 아니하게 된 　때에는 나머지 투표는 실시하지 아니하고 그 후보자를 당선인 　으로 결정함.
비 례 대 표 시·도의원선거	■ 비례대표시·도의원선거에서 유효투표총수의 100분의 5이상을 　득표한 정당("의석할당정당"이라 함)에 대하여 해당 의석 　할당정당이 비례대표시·도의원선거에서 얻은 득표비율에 　따라 의석을 배분함. ■ 하나의 정당에 의석정수의 3분의 2를 초과하여 배분할 수 없음.
비 례 대 표 자치구·시·군의원선거	■ 비례대표자치구·시·군의원선거에서 유효투표총수의 100분의 　5이상을 득표한 정당("의석할당정당"이라 함)에 대하여 　해당 의석할당정당이 비례대표자치구·시·군의원선거에서 　얻은 득표비율에 따라 의석을 배분함.

Ⅱ 예비후보자등록 및 선거운동

※ 예비후보자등록서류 등에 대한 사전 검토안내 ※

■ 예비후보자등록 신청서류를 잘못 작성하거나 제출서류를 구비하지 못할 경우 등록을 하지 못하거나 등록이 무효로 되는 등 불이익을 받을 수 있습니다.

■ 정확한 예비후보자 등록신청을 돕기 위하여 등록신청서류 등의 사전검토를 다음과 같이 실시할 예정이오니 입후보예정자께서는 반드시 사전 검토를 받으시기 바랍니다.

● 기　간 : 예비후보자등록신청 전
● 장　소 : 입후보예정 선거구의 관할선거구위원회 사무실
● 대　상 : 예비후보자등록에 관한 서류 일체

■ 본 안내사항을 충분히 이해하여 선거운동과 신고·제출 등에 착오 없으시기 바라며, 예비후보자 등록 등 각종 의문사항이 있을 때에는 관할선거구위원회에 문의하시기 바랍니다.

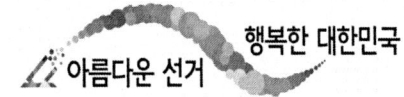

Ⅱ 예비후보자등록 및 선거운동

1 예비후보자란

가. 지역구지방의원선거 및 지방자치단체의 장선거의 입후보예정자가 관할 선거구위원회에 서면으로 예비후보자 등록신청을 하면 그 때부터 예비후보자가 됨(비례대표지방의원선거의 경우 예비후보자 제도 없음).

※ 예비후보자로 등록되면 법에 정한 방법으로 선거운동을 할 수 있음.

나. 예비후보자가 후보자로 등록하고자 하는 때에는 후보자등록기간 중(2022. 5. 12. ~ 5. 13.)에 새로이 등록을 하여야 하며, 후보자로 등록하지 아니한 때에는 후보자등록마감일의 등록마감시각 후부터 예비후보자의 지위를 상실하게 됨.

다. 후보자로 등록한 사람은 선거기간개시일 전일인 2022. 5. 18.(수)까지 예비후보자를 겸한 것으로 봄.

2 예비후보자등록

가. 예비후보자등록자격

(1) 대한민국 국민

(2) 2004. 6. 2. 이전 출생자(18세 이상인 사람)

(3) 선거일 현재 계속하여 60일 이상(공무로 외국에 파견되어 선거일전 60일후에 귀국한 자는 선거인명부작성기준일부터 계속하여 선거일까지) 해당 지방자치단체의 관할구역에 주민등록이 되어 있는 주민

※ 2022. 4. 3. 이전부터(공무로 외국에 파견되어 2022. 4. 2. 후에 귀국한 사람은 2022. 5. 10.부터) 해당 지방자치단체의 관할구역에 주민등록이 되어 있어야 함.

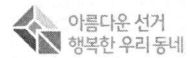

(4) 교육감선거의 경우

  (가) 후보자등록신청개시일부터 과거 1년 동안 정당의 당원이 아닌 사람

  (나) 후보자등록신청개시일을 기준으로 「지방교육자치에 관한 법률」 제24조제2항 각 호에 해당하는 교육경력 또는 교육행정경력이 3년 이상 있거나 양 경력을 합한 경력이 3년 이상 있는 사람

    ※ 제주특별자치도의 경우에는 교육경력 또는 교육행정경력이 5년 이상 있거나 양 경력을 합한 경력이 5년 이상 있는 자(「제주특별자치도 설치 및 국제자유도시 조성을 위한 특별법」 제75조)

나. 기탁금 납부

(1) 납부금액 : 후보자 기탁금액의 100분의 20에 해당되는 금액

선 거 명	기탁금액
시 · 도 지 사 선 거 교 육 감 선 거	1,000만원
자 치 구 · 시 · 군 의 장 선 거	200만원
지 역 구 시 · 도 의 원 선 거	60만원
지 역 구 자 치 구 · 시 · 군 의 원 선 거	40만원

  ※ 예비후보자가 해당 선거의 같은 선거구에 후보자등록을 신청하는 때에는 예비후보자의 기탁금을 제외한 나머지 금액만 납부

(2) 납부시기 : 예비후보자등록신청 시

(3) 납부방법

관할선거구위원회가 개설한 금융기관(우체국 포함)의 기탁금계좌에 예비후보자등록신청자의 명의로 무통장(이체)입금한 후 해당 금융기관이 발행한 무통장입금표(이체확인증) 제출

  ※ <u>기탁금 납부 금융기관 계좌번호 :</u>   (예금주 :   )

  ※ 다만, 부득이한 사유가 있는 경우에는 현금(자기앞수표 포함)으로 납부할 수 있음.

◈ 예비후보자 기탁금 반환 및 귀속(법 제57조) ◈

■ 기탁금의 반환

● 반환요건

　■ 예비후보자가 사망하거나

　■ 당헌·당규에 따라 소속 정당에 후보자로 추천하여 줄 것을 신청 하였으나 해당 정당의 추천을 받지 못하여 후보자로 등록하지 않은 경우

● 반환금액 : 기탁금 전액

　※ 법 제261조에 따른 과태료 및 법 제271조에 따른 불법시설물 등에 대한 대집행 비용이 있는 경우 기탁금에서 이 금액을 공제한 후 나머지 금액만 반환하되, 과태료와 대집행비용이 반환할 기탁금을 넘는 사람은 그 차액을 관할선거구 위원회의 고지에 따라 그 고지를 받은 날부터 10일 이내에 납부하여야 함.

● 반환기한 : 2022. 7. 1.(금) [선거일후 30일 이내]

● 반환방법 : 기탁자의 금융기관 예금계좌에 무통장입금

　※ 부득이한 사유로 현금(자기앞수표 포함)으로 반환 시에는 영수증을 징구함.

■ 기탁금의 지방자치단체(시·도교육청) 귀속

● 귀속사유 : 법 제57조제1항제1호다목의 반환요건에 해당하지 아니 하는 경우

● 귀속금액 : 기탁금 전액

　※ 기탁금 전액이 지방자치단체(시·도교육청)에 귀속되는 사람은 법 제261조에 따른 과태료 및 법 제271조에 따른 불법시설물 등에 대한 대집행비용이 있는 경우 그 부담비용 전액을 관할선거구위원회의 고지에 따라 그 고지를 받은 날부터 10일 이내에 납부하여야 함.

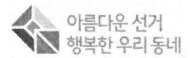

다. 예비후보자등록

(1) 등록시기

선 거 명	등 록 시 기
시 · 도 지 사 선 거 교 육 감 선 거	2022. 2. 1.부터 (선거일 전 120일부터)
지 역 구 시 · 도 의 원 선 거 지 역 구 자 치 구 · 시 의 원 선 거 자 치 구 · 시 의 장 선 거	2022. 2. 18.부터 (선거기간개시일 전 90일부터)
지 역 구 군 의 원 선 거 군 의 장 선 거	2022. 3. 20.부터 (선거기간개시일 전 60일부터)

(2) 등록기관 : 관할선거구위원회

(3) 등록신청서류 목록

서 류 명	수 량 (부, 통)	비 고
○ 예비후보자등록신청서	1	※ 서식 붙임1 [규칙 별지 제12호서식(나)] [교육규칙 별지 제1호서식]
○ 첨부서류		
▪ 주민등록표 초본	1	
▪ 가족관계증명서	1	
▪ 사직원 접수증 또는 해임증명 서류(해당자)	1	법 제53조제1항 및 제2항에 따라 그 직을 가지고 입후보할 수 없는 사람에 한함
▪ 재직증명서(해당자)	1	법 제16조(피선거권) 제4항에 해당되는 지방 자치단체장·교육감에 한함.
▪ 전과기록에 관한 증명서류	1	벌금 100만원 이상의 형의 범죄경력(실효된 형 포함) ※ 서식 붙임 1-1 「범죄경력조회신청서」 붙임 1-2 「전과기록증명에 관한 제출서」
▪ 학력에 관한 증명서	1	법 제49조제4항제6호에 따른 최종 정규학력 증명서 및 국내 정규학력에 준하는 외국 학력증명서(외국학력증명서는 한글번역문 첨부) ※ 서식 붙임 1-3 「정규학력증명에 관한 제출서」
▪ 예비후보자의 인영신고서	1	※ 서식 붙임 2 [규칙 별지 제13호 서식]
▪ 사진	2매	5×7cm ※ 전자파일 동시제출
▪ 비당원확인서(교육감선거)	1	※ 서식 붙임 1-4 [교육규칙 별지 제2호 서식]
▪ 교육경력 등 증명에 관한 제출서 (교육감선거)	1	※ 서식 붙임 1-5 [교육규칙 별지 제3호 서식]

※ 예비후보자등록 시 제출한 피선거권에 관한 증명서류, 전과기록에 관한 증명서류, 학력에 관한 증명서는 후보자등록 시 제출하지 아니할 수 있음. 다만, 변경사항이 있는 경우에는 후보자등록을 신청하는 때까지 추가하거나 보완하여야 함(법 제49조제5항).

※ 전과기록은 선거기간개시일 전 150일(2021. 12. 20.)이후 발급받은 범죄경력조회 회보서에 의하여 작성하여야 함.

※ 예비후보자의 전과기록 및 학력에 관한 서류는 후보자등록신청 개시일 전일까지 공개함 (법 제60조2제10항).

(4) 첨부서류 준비

(가) 범죄경력 조회신청 및 전과기록증명에 관한 제출서 작성(법 제60조의2제8항)

- 신 청 자 : 입후보예정자 또는 정당

- 신청시기 : 2021. 12. 20.(선거기간개시일 전 150일)부터

- 신 청 처 : 국가경찰관서의 장

- 발급신청·조회대상자 : 후보자가 되고자 하는 자 및 정당이 본인 또는 소속 당원대상 조회

- 조회대상 범죄 : 실효된 형을 포함한 벌금 100만원 이상 형의 범죄경력

- 신청서식 : 붙임 1-1 [규칙 별지 제12호서식의(샤)]

- 전과기록증명에 관한 제출서 작성 : 붙임 1-2 [규칙 별지 제12호서식의(캬)]

  ※ 첨부하는 범죄경력조회 회보서는 "공직선거후보자용"으로 발급된 회보서를 제출하여야 하며, 반드시 범죄경력조회 회보서에 있는 내용을 가감없이 그대로 기재하여야 함.

(나) 정규학력증명에 관한 제출서 작성 및 최종학력증명서의 발급(법 제60조의2제2항)

- 정규학력증명에 관한 제출서 작성 : 붙임 1-3 [규칙 별지 제12호서식의(탸)] 최종학력증명서류에 따라 정확히 작성 제출하여야 함.

- 학력 증명서류의 발급

  ○ 증명서류 제출대상 학력

  ➤ 예비후보자홍보물, 선거벽보, 선거공보(후보자정보공개자료 포함), 선거공약서 및 후보자가 운영하는 인터넷 홈페이지에 게재하였거나 게재하고자 하는 학력 중에서

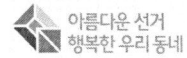
➤ 국내 정규학력의 경우 「초·중등교육법」 및 「고등교육법」에서 인정하는 정규학력에 관한 최종학력 증명서를, 국내 정규학력에 준하는 외국의 교육기관에서 이수한 학력의 경우 예비후보자홍보물 등에 게재하였거나 게재하고자 하는 학력의 각 증명서(한글번역문 첨부) 모두를 제출하여야 함.

◉ '학력증명서'란

➤ 재학증명서, 재적증명서, 졸업증명서(발행할 수 없는 경우에는 졸업증 원본 포함), 수료증명서(발행할 수 없는 경우에는 수료증 원본 포함), 그 밖에 학교장이 발행한 최종학력을 증명할 수 있는 서류를 말함.

➤ 국내 정규학력에 준하는 외국의 교육기관에서 이수한 학력에 관한 증명서를 제출하는 경우 전문번역기관 또는 개인번역사가 번역한 한글번역문을 함께 제출하여야 함.

　　※ 전문번역기관은 번역사자격증을 가진 번역사를 채용하고 있는 기관·단체를 말하며, 개인번역사의 번역문을 첨부할 경우 "번역사자격증 사본"을 함께 제출하여야 함.

◆ 유 의 사 항 ◆

■ □□대학교를 거쳐 △△대학원을 졸업한 사람이 선거벽보 등에 □□대학교 졸업이하의 학력만 게재하고자 하는 때에는 □□대학교의 학력증명서만 제출하면 됨.

■ 학력은 정규학력에 관한 출신학교명 또는 국내 정규학력에 준하는 외국의 교육기관에서 이수한 학교명(졸업·수료·중퇴 당시의 학교명)과 중퇴한 경우에는 수학기간을 기재함.

※ 학교명이 개명된 경우에는 졸업·수료 당시의 학교명을 기재하여야 함. 다만, 개명된 학교명을 (　)로 병기하는 것은 가능함.

■ 외국의 교육기관에서 이수한 학력을 게재하는 경우 그 교육과정명, 수학기간 및 학위를 취득한 때의 취득학위명을 기재하지 않으면 법 제250조에 따라 허위사실공표죄로 처벌받을 수 있음.

■ 「학점인정 등에 관한 법률」 제7조·제8조에 따라 학점·학력이 인정되는 사람이 그 학력을 게재하고자 할 경우, 대학의 장 등이 학위를 수여한 때에는 "학점인정 등에 관한 법률에 따른 (□□대학교 부설 ○○교육원) ◇◇학사학위 취득"으로, 교육부장관이 학위를 수여한 때에는 "학점인정 등에 관한 법률에 따른 ◇◇학사학위 취득"으로, 학점 이수 중인 때에는 "학점인정 등에 관한 법률에 따른 (□□대학교 부설 ○○교육원) ◇◇학사과정 이수중"으로 게재하여야 함.

■ 정규학력이 있는 사람은 '독학' 또는 '무학'으로 기재 불가(다만, 학력 기재를 원하지 않는 경우는 예비후보자등록신청서의 학력 란을 '미기재'로 기재할 수 있음.)

㈐ 가족관계증명서 발급(법 제60조의2제2항, 규칙 제26조제1항)

㈑ 사직·해임증명서류 발급(법 제60조의2제2항, 규칙 제26조제1항)

- 발급신청자 : 법 제53조(공무원 등의 입후보) 제1항 및 제2항에 따라 그 직을 가지고 입후보할 수 없는 사람

- 발급신청처 : 사직 당시에 재직하였던 기관·단체 등

- 발급서류 : 소속기관장이 발행한 사직원 접수증 또는 해임증명서류

※ 사직인정시점 : 소속기관장 또는 소속위원회에 사직원이 접수된 때

⑸ 등록무효사유(법 제60조의2제4항)

㈎ 피선거권이 없는 것이 발견된 때

◆ 피선거권이 없는 사람 (법 제19조) ◆

■ 선거범, 「정치자금법」 제45조(정치자금부정수수죄) 및 제49조(선거비용관련 위반행위에 관한 벌칙)에 규정된 죄를 범한 사람 또는 대통령·국회의원·지방의회의원·지방자치단체의 장으로서 그 재임중의 직무와 관련하여 「형법」 (「특정범죄가중처벌 등에 관한 법률」 제2조에 따라 가중처벌되는 경우를 포함) 제129조(수뢰, 사전수뢰)

내지 제132조(알선수뢰)·「특정범죄가중처벌 등에 관한 법률」 제3조(알선수재)에 규정된 죄를 범한 사람으로서 아래기간을 경과하지 아니한 사람 (형이 실효된 사람도 포함)

- 100만원 이상의 벌금형의 선고를 받고 그 형이 확정된 후 5년
- 형의 집행유예선고를 받고 그 형이 확정된 후 10년
- 징역형의 선고를 받고 그 집행을 받지 아니하기로 확정된 후 또는 그 형의 집행이 종료되거나 면제된 후 10년

  ※ 다만, 이 법 시행[2004. 3. 12., (정금법 제49조는 2005. 8. 4.)] 전에 상기 밑줄 친 죄에 해당하는 죄를 범한 사람의 선거권과 피선거권은 종전의 예에 의함. [부칙(2004. 3. 12.)제6조, 부칙(2005. 8. 4.)제5조]

  ※ 교육감선거의 경우 교자법 제59조에 규정된 죄와, 교육감으로서 재임중의 직무와 관련한 상기 형법·특가법의 죄도 포함됨.

■ 법원의 판결 또는 다른 법률에 따라 선거권 또는 피선거권이 정지되거나 상실된 사람

■ 금고이상의 형의 선고를 받고 그 형이 실효되지 아니한 사람

■ 「국회법」 제166조(국회 회의 방해죄)의 죄를 범한 사람으로서 다음 어느 하나에 해당하는 사람 (형이 실효된 사람을 포함)

- 500만원 이상의 벌금형의 선고를 받고 그 형이 확정된 후 5년이 경과되지 아니한 사람
- 형의 집행유예의 선고를 받고 그 형이 확정된 후 10년이 경과되지 아니한 사람
- 징역형의 선고를 받고 그 집행을 받지 아니하기로 확정된 후 또는 그 형의 집행이 종료되거나 면제된 후 10년이 경과되지 아니한 사람

■ 법 제230조제6항의 죄를 범한 사람으로서 벌금형의 선고를 받고 그 형이 확정된 후 10년을 경과하지 아니한 사람 (형이 실효된 사람도 포함)

(나) 전과기록에 관한 증명서류를 제출하지 아니한 것이 발견된 때

(다) 법 제53조제1항 및 제2항(교자법 제47조제1항)에 따라 그 직을 가지고 입후보할 수 없는 사람이 등록된 것이 발견된 때

※ 법 제53조제1항에 해당하는 사람이 2022. 3. 3.(선거일 전 90일) 이전에 예비후보자로 등록하려면 예비후보자 등록신청 전까지 사직하여야 하며, 그 후에 예비후보자로 등록하려면 사직기한(2022. 3. 3.)까지 이미 사직이 되어 있어야 함.

※ 법 제53조제2항에 해당하는 사람이 2022. 5. 2.(선거일 전 30일) 이전에 예비후보자로 등록하려면 예비후보자 등록신청 전까지 사직하여야 하며, 그 후에 예비후보자로 등록하려면 사직기한(2022. 5. 2.)까지 이미 사직이 되어 있어야 함.

※ 소속기관의 장 또는 소속위원회에 사직원이 접수된 때에 그 직을 그만 둔 것으로 봄.

㈜ 법 제57조의2(당내경선의 실시) 제2항 본문에 따라 정당이 공직선거후보자를 추천하기 위하여 경선(이하 "당내경선"이라 함)을 실시한 경우 당내경선후보자로 등재된 사람으로서 해당 정당의 후보자로 선출되지 아니한 사람에 해당하는 것이 발견된 때

※ 다만, 후보자로 선출된 사람이 사퇴·사망·피선거권 상실 또는 당적의 이탈·변경 등으로 그 자격을 상실한 때에는 그러하지 아니함.

㈐ 다른 법률에 따라 공무담임이 제한되는 사람이나 후보자가 될 수 없는 사람에 해당되는 것이 발견된 때

㈑ 예비후보자가 같은 선거의 다른 선거구나 다른 선거의 예비후보자로 등록된 때(이 경우 그 등록은 모두 무효로 함)

◈ 입후보 제한 공무원 등 (법 제53조) ◈

■ 선거일 전 90일(2022. 3. 3.)까지 그 직을 사직하여야 하는 사람 (법 제53조제1항)

- 「국가공무원법」 제2조에 따른 국가공무원과 「지방공무원법」 제2조에 따른 지방공무원

  ※ 다만, 「정당법」 제22조제1항제1호 단서에 따라 정당의 당원이 될 수 있는 공무원은 그 직을 가지고 입후보할 수 있으나, 정무직공무원은 사직대상에 해당됨

  ※ 법 제53조제1항 본문에 따라 지방의회의원선거와 지방자치단체의 장의 선거에 있어서 당해 지방자치단체의 의회의원이나 장은 그 직을 가지고 입후보 할 수 있음

- 각급선거관리위원회위원 또는 교육위원회의 교육위원
- 다른 법령의 규정에 의해 공무원의 신분을 가진 사람

  ※ 예 : 공익법무관, 공중보건의사, 국제협력의사

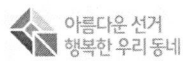
- 「공공기관의 운영에 관한 법률」 제4조제1항제3호에 해당하는 기관 중 정부가 100분의 50이상의 지분을 가지고 있는 기관(한국은행 포함)의 상근 임원

  ※ 위 공공기관의 정부지분은 수시로 변할 수 있으므로 후보자가 되고자 하는 당사자가 스스로 확인하여 입후보제한직 해당여부를 판단하여야 함.

  ✿ 공공기관의 정부지분 확인방법 ✿
  경영정보 공개시스템(http://www.alio.go.kr) 접속 ⇨ 상단의 통합검색창에서 해당 기관명 검색 ⇨ '정기공시' 클릭 ⇨ '자본금 및 주주현황' 클릭 ⇨ 정부지분 확인

- 「농업협동조합법」·「수산업협동조합법」·「산림조합법」·「엽연초 생산협동조합법」에 따라 설립된 조합의 상근 임원과 이들 조합의 중앙회장

- 「지방공기업법」 제2조에 규정된 지방공사와 지방공단의 상근 임원

- 「정당법」 제22조제1항제2호에 따라 정당의 당원이 될 수 없는 사립학교교원

- 「신문 등의 진흥에 관한 법률」 제2조에 따른 신문 및 인터넷신문, 「잡지 등 정기간행물의 진흥에 관한 법률」 제2조에 따른 정기간행물, 「방송법」 제2조에 따른 방송사업을 발행·경영하는 자와 이에 상시 고용되어 편집·제작·취재·집필·보도의 업무에 종사하는 자로서 중앙선거관리위원회규칙으로 정하는 언론인

- 바르게살기운동협의회·새마을운동협의회·한국자유총연맹(시·도조직 및 구·시·군조직을 포함)의 대표자

■ 선거일 전 30일(2022. 5. 2.)까지 그 직을 사직하여야 하는 사람(법 제53조제2항)

- 비례대표지방의회의원선거에 입후보하는 경우
- 국회의원이 지방자치단체의 장의 선거에 입후보하는 경우
- 지방의회의원이 다른 지방자치단체의 의회의원이나 장의 선거에 입후보하는 경우

라. 예비후보자·선거사무장의 인영신고서 제출(규칙 제21조)

(1) 신 고 자 : 예비후보자, 선거사무장

(2) 신고시기 : 예비후보자 등록신청 시

(3) 신 고 처 : 관할선거구위원회

(4) 수   량 : 1매

(5) 신고서식 : 붙임 2 [규칙 별지 제13호서식]

마. 예비후보자 사퇴신고(법 제60조의2제6항, 규칙 제26조제3항)

(1) 신 고 자 : 예비후보자

(2) 신 고 처 : 관할선거구위원회

(3) 신고방법 : 예비후보자 본인이 직접 서면으로 신고

(4) 신고서식 : 붙임 3 [규칙 별지 제15호서식]

3 선거사무소의 설치

가. 선거사무소 설치(법 제61조, 제89조제1항 단서)

(1) 설치권자 : 예비후보자

(2) 사무소수 : 1개소

※ 선거사무소에 1개의 선거대책기구를 설치할 수 있음(법 제89조제1항 단서).

(3) 설치기간 : 예비후보자등록 이후부터 후보자등록 전까지

※ 예비후보자가 그 신분을 상실한 때에는 선거사무소를 폐쇄하여야 함.
※ 후보자등록을 마친 예비후보자의 선거사무소는 후보자의 선거사무소로 봄.

(4) 설치장소 : 해당 선거구 안에 고정된 장소 또는 시설에 설치

※ 정당소속 예비후보자의 선거사무소는 그에 대응하는 정당(정당선거사무소 포함)에 둘 수 있음.
※ 「식품위생법」에 따른 식품접객영업소인 음식점(휴게, 일반), 단란주점, 유흥주점, 위탁급식소, 제과점 또는 「공중위생관리법」에 따른 공중위생영업소인 숙박업소, 목욕업소, 이·미용업소, 세탁업소, 건물위생관리업소의 안에는 선거사무소를 설치할 수 없음.

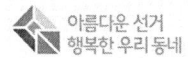
나. 선거사무소 신고(법 제63조제1항, 규칙 제28조제1항)

(1) 신 고 자 : 예비후보자

(2) 신고시기 : 설치 또는 변경한 때 지체 없이

(3) 신 고 처 : 관할선거구위원회

(4) 신고서식 : 붙임 4 [규칙 별지 제16호서식의㈎]

다. 선거사무소 간판 등 설치·게시(법 제61조, 규칙 제27조)

(1) 종   류 : 간판 · 현판 및 현수막 [규격 및 수량(매수) 제한 없음]

(2) 게재사항

예비후보자의 홍보에 필요한 사항을 게재할 수 있으며, 기호 결정전
이라도 자신의 기호를 알 수 있는 때에는 그 기호를 게재할 수 있음.

(3) 설치·게시장소 : 선거사무소가 있는 건물이나 그 담장

※ 선거사무소가 있는 건물이나 그 담장을 벗어난 장소에는 설치·게시할 수 없음.

(4) 설치·게시방법의 제한

애드벌룬을 이용한 방법으로 설치·게시할 수 없음.

(5) 인쇄물 등의 첩부

선거사무소의 입구·외벽면·담장에 인쇄물·후보자의 사진 등 홍보물을
첩부할 수 없음.

※ 다만, 선거사무소 내부에는 홍보물 등을 첩부할 수 있음.

Tip 	예비후보자가 예비후보자의 선거사무소에 설치하는 간판을 **LED**간판으로 설치하는 것은 다른 법률에 위반되는지 여부는 별론으로 하고 공직선거법상 가능합니다. 다만, 녹화기 사용에 해당되어서는 아니 됩니다.

4 선거사무관계자 및 회계책임자 선임

가. 선거사무관계자 선임·신고(법 제62조·제63조, 규칙 제27조의3·제28조)

(1) 신 고 자 : 예비후보자(선거사무원은 선거사무장이 신고 가능)

(2) 신고시기 : 선임·해임 또는 교체 시 지체 없이

(3) 신 고 처 : 관할선거구위원회

(4) 선임인원(선거사무장 포함)

선 거 명	인 원 수
시 · 도 지 사 선 거 교 육 감 선 거	5인 이내
자 치 구 · 시 · 군 의 장 선 거	3인 이내
지 역 구 지 방 의 원 선 거	2인 이내

※ 교체선임할 수 있는 선거사무원 수는 최초의 선임한 수를 포함하여 법정 선거사무원 수의 2배를 넘을 수 없음(선거사무장은 교체선임횟수에 제한 없음).

☞ 법정 선임가능한 선거사무원 수가 선거사무장을 포함하여 3인일 경우 선거사무장을 제외한 2인의 2배수임.

※ 장애인 예비후보자는 선거운동을 할 수 있는 사람 중에서 1명의 활동보조인을 둘 수 있음. 이 경우 활동보조인은 선거사무원 수에 산입하지 아니하며, 수당과 「공무원여비규정」 별표2의 제2호에 해당하는 실비(일비, 식비)를 지급할 수 있음.

※ 장애인 예비후보자가 후보자로 등록하는 경우 예비후보자가 선임하였던 활동보조인의 수당과 실비는 국가가 부담함.

Tip	○ 후보자와 달리 예비후보자의 경우 소속정당(정당선거사무소 포함)의 유급 사무직원이나 국회의원과 국회의원의 보좌관·비서관·비서 또는 지방의회 의원이 예비후보자의 선거사무원이 되는 때에는 그 선거사무원 수에 산입 됩니다. ○ 후보자등록신청 개시일부터 선거기간개시일 전일까지는 후보자로서 신고한 선거사무장등에게 수당과 실비를 지급하여서는 아니 됩니다.

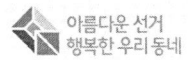

◈ 활동보조인을 둘 수 있는 예비후보자의 범위 ◈

■ 「장애인복지법」 제32조에 따라 등록된 장애인으로서 「장애인복지법 시행규칙」 별표1에 따른 장애인의 장애 정도 중 다음에 해당하는 사람

● 청각장애인 및 언어장애인 : 모든 장애인

● 그 밖의 장애인 : 장애의 정도가 심한 장애인

(5) 자격요건 : 선거운동을 할 수 있는 사람

◈ 선거운동을 할 수 없는 사람(법 제60조) ◈

① 대한민국 국민이 아닌 사람

※ 대한민국 국민이 아닌 사람이 예비후보자의 배우자인 경우에는 선거운동 할 수 있음.

※ 「출입국관리법」 제10조에 따른 영주의 체류자격 취득일 후 3년이 경과한 외국인으로서 같은 법 제34조에 따라 해당 지방자치단체의 외국인등록대장에 올라 있는 사람은 해당 선거에서 선거운동을 할 수 있음.

② 미성년자(18세 미만의 사람)

③ 선거권이 없는 사람

④ 「국가공무원법」 제2조 및 「지방공무원법」 제2조에 규정된 공무원

※ 「정당법」 제22조제1항제1호 단서에 따라 정당의 당원이 될 수 있는 공무원은 선거운동이 가능함. 다만, 국회의원과 지방의회의원 외의 정무직공무원은 선거운동을 할 수 없음.

※ 교육감선거의 경우 정무직공무원(국회의원·지방의원 포함), 국회의원의 보좌관·비서관·비서, 국회교섭단체의 정책연구위원도 선거운동 할 수 없음.

⑤ 법 제53조에 따라 입후보의 제한을 받는 공무원 등 (법 제53조제1항 제2호 내지 제7호)

※ 법 제53조제1항제5호 및 제6호에 규정된 기관 등의 상근직원은 입후보의 제한을 받지 아니하나 선거운동은 할 수 없음.

⑥ 각급선거관리위원회 위원, 예비군 중대장급 이상의 간부, 주민자치위원회 위원, 통·리·반의 장

※ 선거사무장, 선거연락소장, 선거사무원, 활동보조인, 회계책임자, 연설원, 대담·토론자 또는 투표(사전투표 포함)참관인이 되고자 하는 때에는 2022. 3. 3.(선거일전 90일)까지 그 직을 사직하여야 하며, 선거일 후 6월 이내(주민자치위원회위원은 선거일까지)에는 종전의 직에 복직될 수 없음.

⑦ 바르게살기운동협의회·새마을운동협의회·한국자유총연맹의 상근 임·직원 및 이들 단체 등(시·도조직 및 구·시·군조직 포함)의 대표자

※ 예비후보자의 배우자가 위 ④부터 ⑦까지에 해당되는 경우에는 그 직을 가지고 선거운동을 할 수 있으나, 예비후보자의 직계존비속이 이에 해당되는 경우에는 그 직을 가지고 선거운동을 할 수 없음.

※ 단, 후보자의 직계존비속이 위 ④부터 ⑦까지에 해당되는 경우에는 그 직을 가지고 선거운동을 할 수 있음.

(6) 신고방법

(가) 붙임 5 [규칙 별지 제16호서식의(나)]에 따라 서면으로 신고

(나) 장애인 예비후보자가 활동보조인을 두려는 경우에는 활동보조인 선임 신고 시 「장애인복지법」 및 「장애인복지법 시행규칙」에 따른 장애인등록증의 사본이나 장애인증명서 그 밖에 관공서가 발행한 장애인증명서류 제출

(다) 유의사항

■ 선거사무장을 두지 아니한 경우에는 예비후보자가 선거사무장을 겸한 것으로 봄.

※ 예비후보자가 선거사무장을 겸임하는 때에도 선거사무원수에 포함함.

■ 같은 선거에 있어서는 2이상의 예비후보자는 동일인을 함께 선거사무장·선거사무원으로 선임할 수 없음.

■ 인쇄물·시설물 그 밖의 광고물을 이용하여 선거운동을 하는 사람을 모집할 수 없음.

※ 다만, 법에서 허용하고 있는 선거운동용 인쇄물·시설물·광고물, 정당의 기관지·정책홍보물 등을 이용하여 모집하는 것은 가능함.

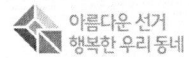

나. 표지 교부신청(법 제63조, 규칙 제28조)

(1) 교부신청 : 선거사무장 등의 선임·교체신고로 갈음

(2) 표지 분실에 따른 재교부신청

    (가) 신청서식 : 붙임 6 [규칙별지 제16호서식의(라)]

    (나) 신청방법

        분실일시·장소, 분실사유 등을 적고 분실한 사람과 그 선임권자가 함께
        서명 또는 날인하여 표지를 발급받은 해당 위원회에 신청

        ※ 선거사무장·선거사무원·활동보조인 및 회계책임자가 선거운동을 하면서 표지를 달지
           아니한 경우 최고 100만원의 과태료 부과

다. 회계책임자 선임·신고(정금법 제34조·제35조, 정금규칙 제32조·제34조)

(1) 회계책임자 선임

    (가) 인 원 수 : 1명

    (나) 자격요건 : 선거운동을 할 수 있는 사람

        ※ 예비후보자·선거사무장은 회계책임자를 겸할 수 있음.

(2) 회계책임자 선임신고

    (가) 신고시기 : 예비후보자등록을 신청하는 때

    (나) 신 고 처 : 관할선거구위원회에 서면신고

    (다) 신고서식 : 붙임 7 [정금규칙 별지 제27호서식]

    (라) 신고시 붙임서류

       ■ 회계책임자 취임동의서 : 붙임 7-1

       ■ 정치자금의 수입 및 지출을 위한 예금계좌 신고서 : 붙임7-2 [정금규칙 별지 제29호서식]

          ※ 예금계좌사본을 첨부하여 회계책임자 선임신고를 하는 경우 별도의 예금계좌신고를
            생략할 수 있음.

※ 예금계좌는 정치자금 수입용 예금계좌와 지출용 예금계좌를 구분하여 신고(수입·지출 겸용 사용 가능)하되, 정치자금 수입용 예금계좌는 그 수에 제한이 없으나, 정치자금 지출용 예금계좌는 1개만 신고하여야 함.

- 선거비용지출액 약정서 : 붙임 7-3 [정금규칙 별지 제30호서식]

※ 예비후보자가 회계책임자를 겸하는 경우에는 작성하지 아니함.

(3) 회계책임자 변경신고

(가) 신고시기 : 변경이 있는 때에는 지체없이

(나) 신 고 처 : 관할선거구위원회에 서면신고

(다) 신고서식

- 회계책임자 변경신고서 : 붙임 7 [정금규칙 별지 제27호서식]

- 회계책임자 취임동의서 : 붙임 7-1

- 선거비용지출액 약정서 : 붙임 7-3 [정금규칙 별지 제30호서식]

- 정치자금의 수입과 지출 인계·인수서 : 붙임 8 [정금규칙 별지 제28호서식]

5 예비후보자 등의 선거운동

가. 문자메시지 전송(법 제59조, 규칙 제25조의10)

(1) 주   체 : 선거운동을 할 수 있는 사람은 누구든지

(2) 시   기 : 상시

(3) 방   법 : 문자메시지를 이용하여 선거운동정보 전송

※ 문자 외의 그림말·음성·화상·동영상 등도 전송 가능

(4) 자동 동보통신을 이용한 문자메시지 전송

(가) 주   체 : 예비후보자 및 후보자만 가능

(나) 전송횟수 : 총 8회 이내

※ 예비후보자와 후보자가 행한 횟수를 포함하여 총8회를 넘을 수 없음.

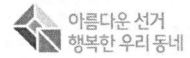

㈐ 문자메시지 전송용 전화번호 신고

- 신고기한 : 전송일 전일까지

- 신 고 처 : 관할선거구위원회

- 신고서식 : 붙임 9 [규칙 별지 제15호의2서식의㈐]

  ※ 2이상의 신고를 한꺼번에 할 수 있으며, 전송용 전화번호는 처음 신고한 하나의 번호를 계속 사용함.

◈ 자동 동보통신 ◈

- 동시 수신대상자가 20명을 초과하거나 그 대상자가 20명 이하인 경우에도 프로그램을 이용하여 수신자를 자동으로 선택하여 전송하는 방식을 말함.

나. 전자우편 전송 등(법 제59조)

⑴ 주   체 : 선거운동을 할 수 있는 사람은 누구든지

⑵ 시   기 : 상시

⑶ 방   법 : 인터넷 홈페이지 또는 그 게시판·대화방 등에 글이나 동영상 등을 게시하거나 전자우편(컴퓨터 이용자끼리 네트워크를 통하여 문자·음성·화상 또는 동영상 등의 정보를 주고받는 통신시스템을 말함)을 전송하는 방법으로 선거운동을 하는 경우

※ 전자우편 전송 대행업체에 위탁하여 전자우편을 전송할 수 있는 사람은 예비후보자 및 후보자에 한함.

```
┌─────────────────────────────────────────────────────────┐
│        ◈ 선거운동정보의 전송 시 제한되는 행위 ◈           │
│            (법 제82조의5, 규칙 제45조의4)                  │
└─────────────────────────────────────────────────────────┘
```

▪ 누구든지 정보수신자의 명시적인 수신거부의사에 반하여 선거운동 목적의 정보를 전송하는 행위

▪ 예비후보자가 선거운동 목적의 정보(이하 '선거운동정보')를 자동동보통신의 방법으로 문자메시지로 전송하거나 전송대행업체에 위탁하여 전자우편으로 전송하는 때에 아래 사항을 명시하지 않는 행위

  ● 선거운동정보에 해당하는 사실

    ※ 제목이 시작되는 부분에 "선거운동정보"라고 표시해야 함.

  ● 문자메시지를 전송하는 경우 그의 전화번호

  ● 불법수집정보 신고 전화번호

  ● 수신거부의 의사표시를 쉽게 할 수 있는 조치 및 방법에 관한 사항

▪ 선거운동정보를 전송하는 사람이 수신자의 수신거부를 회피하거나 방해할 목적으로 기술적 조치를 하는 행위

▪ 선거운동정보를 전송하는 사람이 수신자가 수신거부를 할 때 발생하는 전화요금 그 밖의 금전적 비용을 수신자에게 부담하도록 하는 행위

▪ 누구든지 숫자·부호 또는 문자를 조합해 전화번호·전자우편주소 등 수신자의 연락처를 자동으로 생성하는 프로그램 그 밖의 기술적 장치를 이용하여 선거운동정보를 전송하는 행위

다. 예비후보자 명함 배부 및 지지호소(법 제60조의3·제93조, 규칙 제26조의2)

(1) 명함규격 : 길이 9㎝, 너비 5㎝이내

(2) 게재사항 : 예비후보자의 성명·사진·전화번호·학력·경력, 그 밖에 홍보에 필요한 사항

  ※ 학력을 게재하는 때에는 「초·중등교육법」 및 「고등교육법」에서 인정하는 정규학력과 이에 준하는 외국의 교육과정을 이수한 학력에 한함.

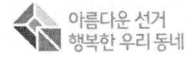

※ 정규학력을 게재하는 경우에는 졸업 또는 수료 당시의 학교명(중퇴한 경우에는 수학기간 함께 기재)을 적고, 정규학력에 준하는 외국의 교육과정을 이수한 학력을 게재할 때에는 그 교육과정명과 수학기간 및 학위를 취득한 때의 취득학위명을 적어야 함.

(3) 배부시기 : 예비후보자등록 이후부터 후보자등록마감일의 등록마감시각까지

※ 입후보예정자도 선거일 전 180일(2021. 12. 3.)부터 해당 선거의 예비후보자등록신청 전까지 위의 명함을 직접 줄 수 있으며, 후보자로 등록한 사람은 선거일 전일까지 배부 가능함.

(4) 배부방법

㉮ 예비후보자와 그의 배우자(배우자가 없는 경우 예비후보자가 지정한 1명)과 직계존비속은 예비후보자의 명함을 직접 주거나 예비후보자에 대한 지지를 호소할 수 있음.

㉯ 선거사무장, 선거사무원, 활동보조인 및 예비후보자가 지정한 사람(1명)은 예비후보자와 함께 다니는 경우에만 예비후보자의 명함을 주거나 예비후보자에 대한 지지를 호소할 수 있음.

㉰ 예비후보자의 명함은 선거구민과 대면하여 직접 배부하는 외에 호별 투입·자동차 앞 유리에 끼워 넣는 등의 방법으로 배부할 수 없음.

Tip

○ 예비후보자가 예비후보자 명함에 자신의 홍보에 필요한 사항으로서 과거에 타인과 함께 찍은 사진을 게재할 수 있습니다.

○ 예비후보자가 예비후보자 명함을 3가지 종류로 제작하여 거리에서 그 3가지 종류의 명함을 동시에 1명의 선거구민에게 배부하는 등 서로 다른 종류의 명함을 동시에 배부하여서는 아니 됩니다.

(5) 명함배부 또는 지지호소 금지장소

㉮ 선박·정기여객자동차·열차·전동차·항공기의 안과 그 터미널·역·공항의 개찰구 안

㉯ 병원·종교시설·극장의 옥내(대관 등으로 해당 시설이 본래의 용도 외의 용도로 이용되는 경우는 제외)

(6) 예비후보자의 배우자 등의 신고 등

㈎ 예비후보자는 명함을 줄 수 있는 그의 배우자(배우자가 없는 경우 예비후보자가 지정한 1명)와 직계존비속("예비후보자의 배우자등"이라 함)을 관할선거구위원회에 신고하여야 함.

㈏ 신고를 받은 관할선거구위원회는 표지를 교부하고, 예비후보자의 배우자 등은 교부된 표지를 늘 잘 보이도록 달고 선거운동을 하여야 함.

㈐ 신고서식 : 붙임 5 [규칙 별지 제16호서식의㈏]

라. 예비후보자홍보물 작성·발송(법 제60조의3, 규칙 제26조의2)

(1) 홍보물 작성

㈎ 작 성 자 : 예비후보자

㈏ 종   수 : 1종

㈐ 작성수량 : 선거구안의 세대수의 100분의 10이내에 해당하는 수

㈑ 작성방법

▪ 규   격 : 길이 27㎝, 너비 19㎝ 이내

▪ 면   수 : 8면 이내

※ 지질이나 중량에 제한 없음.

㈒ 게재내용 : 예비후보자의 자신의 사진·성명·전화번호·학력·경력, 그 밖에 홍보에 필요한 사항

▪ 지방자치단체의 장선거의 예비후보자는 표지 포함 전체면수의 100분의 50 이상의 면수에 선거공약 및 이에 대한 추진계획으로 각 사업의 목표·우선순위·이행절차·이행기간·재원조달방안을 게재하여야 함.

※ 이를 게재한 면에는 다른 정당이나 후보자가 되려는 자에 관한 사항 게재 불가

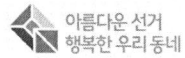

⒝ 홍보물에 적어야 할 사항

앞 면	명칭("예비후보자홍보물"이라 적음), 선거명, 선거구명, 예비후보자의 성명, 소속정당명(정당의 당원이 아닌 사람은 "무소속"이라 적음)
맨 뒷 면	작성근거("이 예비후보자홍보물은 「공직선거법」 제60조의3제1항제4호에 따라 제작한 것입니다."라고 적음), 인쇄사의 명칭·주소·전화번호

Tip

○ 예비후보자의 선거사무장·선거사무원이 예비후보자홍보물에 해당 예비후보자에 대한 지지·추천의 글을 게재할 수 있습니다.

○ 예비후보자는 우체국 전자우편제도를 이용하여 예비후보자홍보물을 발송할 수 있습니다.

○ 예비후보자홍보물과 그 발송용 봉투의 앞면에는 규칙 제26조의2에 따라 "예비후보자홍보물"이라고 표시하여야 하나, 그 밖에 예비후보자의 명함 및 선거사무소의 간판·현판·현수막에 "예비후보자"를 표시하여야 하는 것은 아닙니다. 다만, "후보자"로 표시할 수는 없습니다.

⑵ 홍보물 발송

㈎ 발송기간 : 2022. 5. 16.(월)까지 [선거기간개시일 전 3일까지]

㈏ 발송수량 : 관할선거구위원회가 공고한 수량 이내

　※ 선거비용제한액을 공고하거나 선거비용제한액을 변경하여 공고하는 때에 함께 공고

㈐ 발송횟수 : 발송수량의 범위 내에서 수회에 걸쳐 발송 가능

㈑ 홍보물 발송용 봉투 서식 : ▣ 붙임 10 　[규칙 별지 제15호의3서식의㈎]

㈒ 발송방법 : 요금별납에 의한 우편발송

　※ 홍보물을 선거사무소에 쌓아두고 방문자에게 배부하거나, 거리 등에서 선거구민에게 이를 배부할 수 없음.

　※ 세대주의 주소·성명의 오기 등 착오나 그 밖의 사유로 인하여 발송한 홍보물이 반송된 경우에는 해당 세대주에게 다시 발송할 수 있음. 다만, 발송가능기간이 지난 후에는 다시 발송할 수 없음.

(3) 홍보물 발송신고

㈎ 신고기한 : 발송일 전 2일까지

※ 수회에 걸쳐 예비후보자홍보물을 발송하려는 때에는 최초 신고 시 일괄신고 할 수 있음.

㈏ 신 고 처 : 관할선거구위원회

㈐ 신고내용

- 작성수량·발송수량 및 발송대상·지역
- 홍보물을 제작한 인쇄사의 명칭·주소·전화번호
- 발송우체국의 명칭·발송일시
- 발송할 홍보물 2부(전자적 파일로 제출 가능)

㈑ 신고서식 : 붙임 11 [규칙 별지 제15호의3서식의㈏]

(4) 세대주명단의 교부신청

㈎ 신청권자 : 예비후보자

㈏ 신 청 처 : 구·시·군의 장

㈐ 신청범위 : 홍보물의 발송통수 이내의 범위 안에서 선거권자인 세대주의 성명·주소(지역별·연령별·성별 등으로 정하여 신청)

※ 세대주명단을 교부받은 사람은 이를 다른 사람에게 양도 또는 대여할 수 없으며 재산상의 이익 그 밖의 영리를 목적으로 사용할 수 없음.

㈑ 신청기한 : 2022. 5. 7.(토)까지 [후보자등록기간개시일 전 5일까지]

※ 신청을 받은 구·시·군의 장은 다른 법률의 규정에 불구하고 지체 없이 그 세대주명단을 작성·교부하여야 하며 예비후보자는 그 명단을 전산자료 복사본으로 교부받을 수 있음.

㈒ 비용부담 : 해당 구·시·군의 장이 공시한 세대주명단의 작성비용을 교부 신청 시 신청자가 납부

㈓ 신청서식 : 붙임 12 [규칙 별지 제15호의4서식의㈎]

마. 어깨띠 또는 표지물의 착용(법 제60조의3, 규칙 제26조의2)

(1) 착용할 수 있는 사람 : 예비후보자

(2) 규 격

어 깨 띠	길이 240센티미터 너비 20센티미터 이내
표 지 물	길이 100센티미터 너비 100센티미터 이내

Tip

○ 예비후보자가 선거운동방법의 하나로 어깨띠와 예비후보자임을 나타내는 표지물을 착용하고 선거운동을 할 수 있습니다. 따라서 표지물 규격범위에서 입고 다니는 상의(점퍼나 유니폼)에 표지물 대신 글귀를 새겨서 입고 다니며 선거운동을 할 수 있습니다.

○ 예비후보자가 중증장애인인 경우 예비후보자임을 나타내는 표지물을 신체가 아닌 보조기구(휠체어)에 설치할 수 있습니다.

바. 말 또는 전화이용 지지호소 (법 제59조, 제109조)

(1) 주 체 : 선거운동을 할 수 있는 사람은 누구든지

(2) 방 법 : 선거일이 아닌 때에 전화(송·수화자 간 직접 통화하는 방식에 한정, 컴퓨터를 이용한 자동 송신장치를 설치한 전화는 제외)를 이용하거나 말(확성장치를 사용하거나 옥외집회에서 다중을 대상으로 하는 경우 제외)로 선거운동을 할 수 있음.

※ 전화이용 지지호소의 경우 오후 11시부터 다음날 오전 6시까지는 할 수 없음.

사. 예비후보자공약집(법 제60조의4, 규칙 제26조의3)

(1) 예비후보자공약집 작성

㈎ 작 성 자 : 지방자치단체의 장선거의 예비후보자

㈏ 종 수 : 1종

㈐ 작성수량 : 제한없음

㈑ 작성방법 : 규격에 제한이 없으나, 도서의 형태로 작성하여야 함.

㈒ 게재내용

- 선거공약 및 이에 대한 추진계획으로 각 사업의 목표·우선순위·이행 절차·이행기한·재원조달방안을 게재함.

- 선거공약 및 그 추진계획에 관한 사항 외에 자신의 사진·성명·학력 (정규학력과 이에 준하는 외국의 교육과정을 이수한 학력을 말함)·경력, 그 밖에 홍보에 필요한 사항을 게재하는 경우 그 게재면수는 표지를 포함한 전체면수의 100분의 10을 넘을 수 없음.

  ※ 예비후보자가 자신의 기호를 알 수 있는 때에는 그 기호를 게재할 수 있음.

- 다른 정당이나 후보자가 되려는 자에 관한 사항은 게재할 수 없음.

㈓ 예비후보자공약집에 적어야 할 사항

앞 면	명칭("예비후보자공약집" 이라 적음), 선거명, 예비후보자의 성명, 소속정당명 (정당의 당원이 아닌 사람은 "무소속" 이라 적음)
맨 뒷 면	작성근거("이 예비후보자공약집은 「공직선거법」 제60조의4제1항에 따라 제작한 것입니다." 라고 적음), 판매가격, 출판사(출판사를 이용하지 아니하고 발간한 경우 에는 그 인쇄사를 말함)의 명칭·주소·전화번호

(2) 예비후보자공약집 발간·배부 신고

㈎ 신고요건 : 발간하여 판매하려는 때

㈏ 신고시기 : 발간 즉시

㈐ 신 고 처 : 관할선거구위원회

㈑ 신고서식 : 붙임 13 [규칙 별지 제15호의5서식]

  ※ 예비후보자공약집 2권을 함께 제출

㈒ 배부방법 : 통상적인 방법으로 판매하여야 함.

  ※ 방문판매, 가판대 설치, 선거사무소 방문자 대상 판매 등은 금지됨.

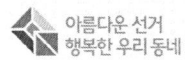

◈ 예비후보자와 예비후보자 아닌 입후보예정자와의 차이 ◈

구 분	예비후보자	예비후보자 아닌 입후보예정자
선 거 사 무 소 설 치	◎ 관할선거구위원회에 신고하고 선거사무소 1개소 설치 가능 ※ 선거사무소에 1개의 선거대책기구 설치 가능	◎ 선거사무소를 설치할 수 없음. 다만, 선거준비사무소 1개소 설치 가능
선 거 사 무 소 간 판 등	◎ 간판·현판·현수막 게시 가능 ※ 규격·매수(수량) 제한 없음. ◎ 자신을 홍보하는 내용 그 밖에 선거운동에 이르는 내용 게시 가능	◎ 할 수 없음.
유급선거사무원 선 임	◎ 관할선거구위원회에 신고하고 선거사무장을 포함하여 선거별 선임가능 인원 범위 안에서 선거사무원을 선임하고 수당·실비지급 가능	◎ 유급사무원을 둘 수 없음.
인터넷 홈페이지	◎ 인터넷 홈페이지를 이용한 선거운동 가능	◎ 좌 동
전 자 우 편	◎ 선거운동에 해당하는 내용(문자·음성·화상·동영상 포함) 전송 가능 ◎ 위의 내용을 전송대행업체에 위탁하여 전송 가능 ※ 법 제82조의5 규정 준수	◎ 선거운동에 해당하는 내용(문자·음성·화상·동영상 포함) 전송 가능 ◎ 위의 내용을 전송대행업체에 위탁하여 전송 불가능
문자메시지 전송	◎ 선거운동 문자메시지(그림말·음성·화상·동영상 포함) 전송 가능 ◎ 자동 동보통신의 방법으로는 예비후보자 및 후보자가 행한 횟수를 합하여 8회까지 가능 ※ 법 제82조의5 규정 준수	◎ 선거운동 문자메시지(그림말·음성·화상·동영상 포함) 전송 가능 ◎ 자동 동보통신의 방법으로는 불가능
전 화 통 화	◎ 송·수화자간 직접 통화 가능	◎ 좌 동
명 함 배 부	◎ 자신을 홍보하는 내용(학력의 경우 정규학력과 이에 준하는 외국의 교육과정을 이수한 학력)을 게재한 명함을 직접 주거나 지지 호소 가능 ◎ 시장·거리 등 공개장소를 방문하여 명함을 주거나 인사·지지권유 가능	◎ 선거일 전 180일부터 예비후보자등록신청 전까지 배부 가능(법 제59조에 따른 지지 호소 가능, 게재내용 및 배부금지장소는 예비후보자와 동일)
예비후보자홍보물 발 송	◎ 선거구안의 세대수의 10/100에 해당하는 수 이내에서 신고 후 요금별납의 방법으로 발송 가능	◎ 할 수 없음.
어깨띠 및 표지물 착 용	◎ 선거운동을 위하여 어깨띠 또는 예비후보자임을 나타내는 표지물 착용가능	◎ 할 수 없음.
예비후보자공약집 발 간 · 판 매 (지방자치단체장 선거에 한함)	◎ 선거공약 및 이에 대한 추진계획으로 각 사업의 목표·우선순위·이행절차·이행기한·재원조달방안을 게재한 공약집 1종을 발간·판매할 수 있음.	◎ 할 수 없음.

6 정치자금의 수입·지출 및 회계보고

가. 수입범위(정금법 제37조)

예비후보자 자신의 자산(차입금 포함), 후원회로부터 기부받은 후원금품, 소속 정당의 지원금

나. 지출대상(법 제120조)

(1) 선거비용

(개) 인터넷 선거운동에 소요되는 비용

(내) 예비후보자 선거운동비용

선거사무소의 간판·현판·현수막 제작·설치비, 명함 제작비용, 예비후보자 홍보물 작성·발송비용, 어깨띠 및 표지물 제작비, 전화·전자우편·문자메시지 발송비용, 선거사무장·회계책임자·선거사무원 수당 등

(대) 선거사무소 방문자 다과류 접대비

(래) 관할구역안의 지역을 방문하는 때 함께 다니는 사람에게 제공하는 식사류의 음식물 제공 비용

※ 예비후보자와 함께 다니는 자의 수(예비후보자의 가족은 제외)

선 거 명	인 원 수
시 · 도 지 사 선 거 교 육 감 선 거	15인
자 치 구 · 시 · 군 의 장 선 거	10인
지 역 구 지 방 의 원 선 거	5인

(2) 선거비용외의 정치자금

(개) 선거운동 준비에 소요되는 비용

(내) 선거사무소 임대료 등 선거비용으로 인정되지 아니하는 비용

(대) 당비, 후원금 및 당내경선비용 등

※ 선거사무소 유지비등 선거비용이 아닌 비용이라 하더라도 선거와 관련하여 지출한 비용 등은 모두 정치활동비용으로 수입·지출처리 하여야 함.

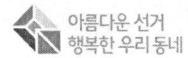
다. 수입·지출방법(정금법 제36조, 정금규칙 제35조)

(1) 수입·지출담당자 : 예비후보자의 회계책임자

　　※ 회계책임자는 회계사무보조자(공직선거의 선거운동을 할 수 있는 사람)에게 지출의 대강의
　　　내역을 알 수 있는 정도의 지출의 목적과 금액의 범위를 정하여 서면으로 위임하여 정치
　　　자금을 지출할 수 있음.

　　※ 회계책임자의 관리·통제 아래 신고된 정치자금 지출을 위한 예금계좌를 결제계좌로 하는
　　　체크카드, 그 밖에 이에 준하는 것으로 지출하는 때에는 회계책임자가 아니라도 정치자금을
　　　지출할 수 있음.

(2) 수입·지출방법

　㈎ 모든 정치자금은 반드시 관할선거구위원회에 신고된 예금계좌를 통하여
　　　수입·지출하여야 하며, 이 경우 정치자금 수입용 예금계좌는 그 수에
　　　제한이 없으나 정치자금의 지출을 위한 예금계좌는 1개만 사용하여야 함.

　　　※ 하나의 예금계좌를 수입 및 지출 겸용으로 신고하여 사용할 수 있음.

　㈏ 정치자금은 보조금(지원금)계정, 보조금외 지원금계정, 예비후보자의
　　　자산계정, 후원회기부금계정을 따로 설정하고, 각 계정별로 선거비용,
　　　선거비용외 정치자금 과목을 구분 경리하여야 함.

　　　※ '보조금'과 '보조금외 지원금'은 정당으로부터 지원받은 금액을, '예비후보자의 자산'은 예비
　　　　후보자의 자산과 차입금을, '후원회기부금'은 후원회로부터 기부받은 금품을 말함.

　㈐ 1회 20만원을 초과하는 정치자금의 지출은 반드시 수표나 체크카드·
　　　예금계좌 입금 그 밖에 실명이 확인되는 방법으로 지출하여야 함.

　㈑ 회계책임자가 위 ㈐의 금액을 초과하여 회계사무보조자에게 정치
　　　자금의 지출을 위임하는 때에는 회계사무보조자가 정치자금 지출을
　　　위하여 별도로 개설한 예금계좌에 입금하거나 회계책임자 선임·신고시
　　　관할선거구위원회에 신고된 지출을 위한 예금계좌를 결제계좌로
　　　하는 체크카드를 통하여 지출하게 하여야 함.

라. 예비후보자의 회계보고(정금법 제40조)

(1) 보고대상 및 보고기한

㈎ 예비후보자가 선거기간개시일 30일 전(2022. 4. 18. 이전)에 그 자격을 상실한 때 : 사유발생일부터 14일이내

㈏ 위 ㈎ 외의 사유 : 선거일후 20일(2022. 6. 21.) 현재로 선거일후 30일 (2022. 7. 1.)까지

(2) 보 고 처 : 관할 선거구위원회

(3) 보고내용

㈎ 소속 정당의 지원금, 후원회의 기부금으로 구입·취득한 재산상황

㈏ 정치자금 수입·지출보고서

㈐ 정치자금 수입·지출부

㈑ 영수증 그 밖의 증빙서류 사본

㈒ 정치자금을 수입·지출한 예금통장 사본

마. 예비후보자의 정치자금 수입·지출 및 회계보고 세부사항

⇒ 별도 배부하는 『제8회 전국동시지방선거 (예비)후보자 및 그 후원회의 정치자금 회계실무』 참조

정당 · 예비후보자 등을 위한 선거사무안내

Ⅲ 정당선거사무소의 설치 등

1. 정당선거사무소의 설치 / 45

행복한 대한민국
아름다운 선거

Ⅲ 정당선거사무소의 설치 등

1 정당선거사무소의 설치(법 제61조의 2, 규칙 제27조의 2)

가. 직무의 범위

(1) 해당 선거에 관한 정당의 사무

(2) 법 또는 다른 법률의 규정에 의한 각종 신고·신청·제출·보고·추천 등에 관한 사무

○ 법 제141조에 따라 정당이 개최하는 당원집회 신고를 그 개최지역을 관할하는 구·시·군에 설치된 정당선거사무소의 장이 자신의 명의로 신고할 수 있음.

○ 「선거관리위원회법」 제4조에 따라 구·시·군 및 읍·면·동위원회의 위원을 해당 구·시·군에 설치된 정당선거사무소의 장이 자신의 명의로 추천할 수 있음.

※ 정당선거사무소는 선거운동을 위한 기구로 허용된 것이 아니므로 이에 선거대책기구를 설치하거나 선거운동을 위한 기구로 사용하는 경우에는 설립·설치가 금지된 유사기관이 될 수 있음. 다만, 정당선거사무소에 정당추천후보자(예비후보자 포함)의 선거사무소를 설치한 경우는 그러하지 아니함.

나. 설치권자 및 설치수

(1) 설치권자 : 중앙당 또는 시·도당의 대표자

(2) 설치기간 : 2022. 2. 1.(선거일 전 120일)부터 2022. 7. 1.(선거일 후 30일)까지

※ 선거일 후 30일이 지난 때에는 즉시 폐쇄하여야 함.

※ 구·시·군의 사무소 소재지가 다른 구·시·군의 구역안에 있는 때에는 그 구·시·군의 사무소 소재지를 관할하는 구·시·군의 구역안에 설치할 수 있음.

(3) 설 치 수 : 구·시·군마다 1개소

※ 하나의 구·시·군이 2이상의 국회의원지역구로 된 경우에는 국회의원지역구마다 1개소

Tip

하나의 구·시·군이 2 이상의 국회의원지역구로 된 경우 정당은 정당선거사무소를 하나만 설치하여 해당 구·시·군의 선거에 관한 정당 사무를 처리하겠다는 뜻을 밝혀 정당선거사무소를 신고할 수 있으며, 그 정당선거사무소는 해당 구·시·군의 관할구역에서 해당 선거에 관한 정당의 사무를 처리할 수 있음.

다. 설치장소 : 고정된 장소 또는 시설에 설치하여야 함.

   ※ 「식품위생법」에 의한 식품접객영업소인 음식점(일반, 휴게), 단란주점, 유흥주점, 위탁급식소, 제과점 또는 「공중위생관리법」에 의한 공중위생영업소인 숙박업소, 목욕업소, 이·미용업소, 세탁업소, 건물위생관리업소의 안에는 정당선거사무소를 설치할 수 없음.

라. 사무소의 간판 등

⑴ 종   류 : 간판·현판·현수막

⑵ 규격 및 수량 : 제한 없음

⑶ 게재사항 : 정당의 홍보에 필요한 사항

   ※ 정당의 홍보에 필요한 사항을 게재할 수 있으므로 예비후보자(입후보예정자 포함)의 성명·사진 또는 그 성명을 유추할 수 있는 내용을 게재하거나 예비후보자를 지지·추천하거나 반대하는 내용은 게재할 수 없음.

⑷ 설치·게시장소 : 정당선거사무소가 있는 건물이나 그 담장

   ※ 정당선거사무소가 설치된 건물이나 그 담장을 벗어난 장소에 설치·게시할 수 없음.

⑸ 설치·게시방법의 제한

   애드벌룬을 이용한 방법으로 설치·게시할 수 없음.

마. 사무소의 설치·변경 신고

⑴ 신고시기 : 설치 또는 변경 시 지체 없이

⑵ 신 고 처 : 관할 구·시·군위원회

⑶ 신고사항

   ⑺ 설치연월일

   ⑻ 사무소의 소재지와 명칭

   ⑼ 소장의 성명·주소·주민등록번호

   ⑽ 정당선거사무소의 인영

 ⑷ 신고서식

   ⑺ 사무소 설치·변경신고서 : 붙임 14 [규칙 별지 제16호서식의⑽]

   ⑻ 인영신고서 : 붙임 14-1 [규칙 별지 제16호서식의⑽ 별지]

바. 소장 등의 선임

 ⑴ 선임인원

   ⑺ 소　　　　　장 : 당원 중에서 1명

   ⑻ 유급사무직원 : 2명 이내

 ⑵ 정당선거사무소장 선임신고 : 정당선거사무소 설치 신고로 갈음함.

   ※ 해임·교체 시에는 그 때마다 지체 없이 변경신고 하여야 함.

사. 회계책임자 선임(정금법 제34조 내지 40조, 정금규칙 제32조 내지 제40조)

 ⑴ 회계책임자 선임

   ⑺ 인 원 수 : 1명

   ⑻ 자격요건 : 공직선거의 선거운동을 할 수 있는 사람

 ⑵ 회계책임자 선임신고

   ⑺ 신 고 자 : 정당선거사무소장

   ⑻ 신고시기 : 정당선거사무소 설치신고 시

   ⑼ 신 고 처 : 관할 구·시·군위원회에 서면신고

   ⑽ 신고서식 : 붙임 7 [정금규칙 별지 제27호서식]

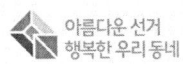

㈐ 신고 시 붙임서류

- 정치자금의 수입 및 지출을 위한 예금계좌
  (예금통장 사본의 첨부로 갈음할 수 있음)

- 회계책임자 취임동의서 : 붙임 7-1

(3) 회계책임자 변경신고

㈎ 변경신고 시기 : 변경이 있는 때에는 14일 이내

㈏ 신 고 서 식 : 선임신고 서식과 같음

㈐ 신고시 붙임서류 : 정치자금의 수입과 지출 인계·인수서

(4) 회계보고

㈎ 보고내용 : 재산상황, 정치자금의 수입·지출내역 등

㈏ 보고기한 : 정당선거사무소 설치일부터 선거일 후 20일(20일 후에 정당
선거사무소를 폐쇄하는 경우 그 폐쇄일을 말함) 현재로 당해 선거일 후
30일까지

※ 정당이 등록취소되거나 해산한 때의 회계보고 ⇒ 사유발생일로부터 14일이내

※ 자세한 사항은 『비례대표지방의원선거사무소 및 정당선거사무소의 정치자금 회계실무』 참조

IV 선거와 관련한 정당활동의 제한

행복한 대한민국
아름다운 선거

IV 선거와 관련한 정당활동의 제한

1 정강·정책의 신문광고 등(법 제137조, 규칙 제60조)

가. 제한기간 : 2022. 3. 10.(목) ~ 5. 18.(수)

[대통령선거의 선거일 후부터 선거기간개시일 전일까지]

※ 해당 광고가 게재된 일간신문 등이 발행되는 날을 기준으로 하며, 선거기간 중에는 정당의 정강·정책의 신문광고가 금지됨.

※ 선거일 전 90일[2022. 3. 3.(목)]부터 제한되나, 2022. 3. 9. 실시하는 제20대 대통령선거의 선거기간[2022. 2. 15.(화) ~ 3. 9.(수)] 중 금지됨.

나. 제한내용

(1) 주　　체 : 정당의 중앙당

(2) 횟　　수 : 총 70회 이내

※ 하나의 일간신문에 1회 광고하는 것을 1회로 보며, 같은 날에 발행되는 일간신문이 배달되는 지역에 따라 각각 다르게 발행일자가 표시되더라도 1회로 봄.

(3) 매　　체 : 「신문 등의 진흥에 관한 법률」 제2조제1호에 따른 신문, 「잡지 등 정기간행물의 진흥에 관한 법률」 제2조제1호에 따른 정기간행물

(4) 규　　격 : 가로 37cm 세로 17cm 이내(색도 제한 없음)

(5) 방　　법

광고주명과 광고근거("이 신문광고는 「공직선거법」 제137조의 규정에 따른 광고입니다")를 표시

(6) 게재내용

정강·정책의 홍보, 당원·후보지망자의 모집, 당비모금 또는 선거에 있어 해당 정당이나 추천후보자가 사용할 구호·도안·정책 그 밖에 선거에 관한 의견수집

※ 입후보예정자의 사진·성명(성명을 유추할 수 있는 내용 포함) 그 밖에 선거운동에 이르는 내용은 게재할 수 없음.

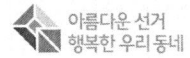

다. 광고절차

(1) 인증서 교부신청

㉮ 신청시기 : 광고를 하고자 하는 때

㉯ 신 청 처 : 중앙위원회

㉰ 신청서식 : ☐붙임 15 [규칙 별지 제18호의3서식]

(2) 일간신문사 등과 광고계약 체결

라. 광고요금 산정

같은 지면에 같은 규격으로 게재하는 상업·문화 그 밖의 각종 광고요금 중 최저요금을 적용하여 산정해야 함.

---

2 정강·정책의 방송연설(법 제137조의2, 규칙 제60조의2)

가. 제한기간 : 2022. 3. 10.(목) ~ 5. 18.(수)

[대통령선거의 선거일 후부터 선거기간개시일 전일까지]

※ 선거기간 중에는 정당의 정강·정책의 방송연설이 금지됨.

※ 선거일 전 90일이 속하는 달의 초일[2022. 3. 1.(화)]부터 제한되나, 2022. 3. 9. 실시하는 제20대 대통령선거의 선거기간[2022. 2. 15.(화) ~ 3. 9.(수)] 중 금지됨.

나. 제한내용

(1) 연 설 자

정당의 중앙당 대표자 또는 그가 선거운동을 할 수 있는 사람 중에서 지명한 사람

(2) 횟   수 : 텔레비전 및 라디오방송별로 월 2회 이내

※ 연설횟수에는 재방송을 포함하며, 하나의 텔레비전 또는 라디오 방송시설을 선정하여 해당 방송망을 동시에 이용하는 것은 1회로 봄.

(3) 매   체

  ㈎ 「방송법」에 의한 방송사업자가 관리·운영하는 무선국 및 종합유선
     방송국(종합편성 또는 보도전문편성의 방송채널사용사업자 포함)을
     이용하여 실시

  ㈏ 종합유선방송사업자(종합편성 또는 보도전문편성의 방송채널사용사업자
     포함)·중계유선방송사업자 및 인터넷언론사는 방송연설을 중계방송할
     수 있으며, 이 경우 방송연설을 행한 모든 사람에게 공평하게 하여야 함.

(4) 시   간 : 1회 20분 이내

(5) 방송내용

  ㈎ 정당의 정강·정책만을 연설할 수 있으며 선거운동에 이르는 내용의
     연설은 할 수 없음.

  ㈏ 텔레비전 방송시설을 이용한 방송연설을 하는 때에는 연설하는 모습,
     정당명(해당 정당을 상징하는 마크나 심벌을 포함), 연설의 요지 및 통계
     자료 외의 다른 내용이 방영되게 하여서는 아니 됨.
     ※ 청각장애선거인을 위한 한국수화언어 또는 자막방영을 할 수 있음.

  ㈐ 텔레비전 방송연설을 녹화하여 방송하고자 하는 때에는 해당 방송
     시설을 이용해야 함.

다. 방송연설 절차

(1) 방송연설 계약체결(중앙당 ⇔ 방송사)

(2) 방송연설 신고

  ㈎ 신고시기 : 방송일 전 3일까지

  ㈏ 신 고 처 : 중앙위원회

  ㈐ 신고서식 : 붙임 16 [규칙 별지 제22호서식의㈑]
     ※ 방송시설이용계약서 사본 첨부

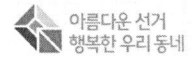

라. 비용산정 및 부담

⑴ 같은 방송시간대에 광고하는 상업·문화 그 밖의 각종 광고요금 중 최저요금을 적용하여 산정해야 함.

⑵ 당해 정당이 부담하되, 국회에 교섭단체를 구성한 정당이 공영방송사를 이용하여 연설하는 경우에는 각 공영방송사마다 텔레비전 및 라디오 방송별로 월 1회의 방송연설비용(제작비용 제외)은 당해 공영방송사가 부담함.

※ 공영방송사가 비용을 부담하는 방송연설의 경우 그 방송연설의 일시·시간대 기타 필요한 사항은 해당 공영방송사와 당해 정당이 협의하여 정함.

3 정강·정책홍보물의 배부(법 제138조, 규칙 제61조)

가. 제한기간 : 2022. 5. 19.(목) ~ 6. 1.(수) [선거기간 중]

나. 제한내용

⑴ 주   체 : 정당의 중앙당

⑵ 종   류 : 책자형 정강·정책홍보물 1종

⑶ 규   격 : 길이 27㎝ 너비 19㎝ 이내, 8면 이내

⑷ 배부수량 : 후보자를 추천한 선거구의 소속당원에 상당하는 수 이내

⑸ 게재내용

㈎ 해당 정당이 추천한 후보자의 기호·성명·사진·경력 등을 제외하고는 후보자와 관련된 사항은 게재할 수 없음.

㈏ 홍보물 표지에는 "당원용" 이라고 표시하고 작성근거("이 정강·정책홍보물은 「공직선거법」 제138조의 규정에 따른 것입니다."), 제작정당명, 인쇄소의 명칭·주소·전화번호를 표시하여야 함.

다. 홍보물 제출

(1) 제출시기 : 배부 전까지

(2) 제 출 처 : 중앙위원회

(3) 제출수량 : 2부(전자적 파일로 제출 가능)

(4) 제출서식 : 붙임 17 [규칙 별지 제38호서식]

4 정책공약집 배부(법 제138조의2, 규칙 제61조)

가. 주   체 : 정당(중앙당 또는 시·도당)

나. 시   기 : 언제든지

다. 발간횟수 : 제한 없음

라. 발간형식 : 도서형태로 발간

마. 게재내용 등

(1) 해당 정당의 정책과 선거공약

※ 후보자의 기호·성명·사진·학력·경력 등 후보자와 관련된 사항 및 다른 정당에 관한 사항은 게재할 수 없음.

(2) 정책공약집 앞면에 "정책공약집"이라 표시하고, 정당명은 한글로 게재 하여야 함.

(3) 정책공약집의 뒷면에는 "이 정책공약집은 「공직선거법」 제138조의2의 규정에 따른 것입니다" 라고 표시하고, 판매가격 및 인쇄소의 명칭·주소·전화번호를 게재하여야 함.

바. 판매방법

(1) 통상적인 방법으로 판매

(2) 해당 정당의 당사, 소속 정당 추천후보자가 개최하는 공개장소의 연설·대담장소(선거연락소 단위에서 이루어지는 연설·대담 장소 포함)에서의 판매

　※ 방문판매의 방법으로 판매할 수 없음.

　※ 정당의 당사에서 판매할 때에는 공개된 장소에 별도의 판매대를 설치하는 등 정책공약집의 판매사실을 공개적으로 확인할 수 있는 방법으로 판매하여야 함.

사. 정책공약집 제출

(1) 시　　　기 : 발간 즉시

(2) 제 출 처 : 해당 정당의 등록사무를 처리하는 관할선거관리위원회
　　　　　　　(중앙당은 중앙위원회, 시·도당은 해당 시·도위원회)

(3) 수　　　량 : 2권(전자적 파일로 제출 가능)

(4) 제출서식 : 붙임 17 [규칙 별지 제38호서식]

5 정당기관지의 발행·배부(법 제139조)

가. 제한기간 : 2022. 5. 19.(목) ~ 6. 1.(수) [선거기간 중]

나. 제한내용

(1) 주　　　체 : 정당의 중앙당

(2) 발행횟수

　㈎ 통상적인 주기에 의하되, 발행횟수가 2회 미만인 때에는 2회 이내

　㈏ 증보·호외·임시판을 포함하며, 배부지역에 따라 게재내용 중 일부를 달리 하더라도 동일한 것으로 봄.

56

(3) 게재내용

해당 정당이 추천한 후보자의 기호·성명·사진·학력·경력 등외에 후보자의 홍보에 관한 사항을 게재할 수 없음.

(4) 배부방법 : 통상적인 방법으로 배부

※ "통상적인 방법"이라 함은 종전의 방법과 범위 안에서 발행·배부하는 것을 말함.

※ 정당의 중앙당 외의 당부가 발행하거나 공개장소에서의 연설·대담장소 또는 대담·토론회장에서의 배부, 거리에서의 판매·배부, 첩부, 게시, 살포 또는 민원실·마을회관·아파트입구 등 비치는 통상적인 방법에 의한 배부로 보지 아니함.

다. 정당기관지 제출

(1) 제출시기 : 발행 즉시

(2) 제 출 처 : 중앙위원회

(3) 제출수량 : 2부(전자적 파일로 제출 가능)

(4) 제출서식 : 붙임 17 [규칙 별지 제38호서식]

6 창당대회 등의 개최와 고지(법 제140조, 규칙 제62조)

가. 제한기간 : 2021. 11. 9.(화) ~ 2022. 6. 1.(수)

[대통령선거의 선거일 전 120일부터 선거일까지]

※ 선거일 전 120일[2022. 2. 1.(화)]부터 제한되나 2022. 3. 9. 실시하는 제20대 대통령선거의 선거일 전 120일부터 연속하여 제한됨.

나. 대상집회 : 창당대회·합당대회·개편대회 및 후보자선출대회

※ 「개편대회」라 함은 정당의 대표자의 변경 등 당헌·당규상의 조직개편에 관한 안건을 처리하기 위하여 개최하는 당원총회 또는 그 대의기관의 회의 등 집회를 말함.

※ 「후보자선출대회」라 함은 정당의 각급 당부가 법에 따른 선거의 해당 정당추천후보자를 선출하기 위하여 법 제57조의2(당내경선의 실시)에 따라 개최하는 집회를 말함.

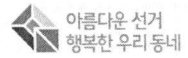

다. 제한내용

(1) 개최장소 : 다수인이 왕래하는 공개된 장소가 아닌 장소

(2) 참석대상

　㈎ 소속당원에 한함.

　　※ 주최당부 명의로 사회통념상 인정되는 범위에서 당원이 아닌 사람을 초청할 수 있음.

　㈏ 후보자선출대회의 경우에는 해당 정당의 공직선거후보자를 선출하기 위한 투표권이 있는 당원이 아닌 사람도 참석 가능

(3) 개최장소 표지첩부

　㈎ 매　　수 : 5매 이내

　㈏ 게재사항

　　대회명·개최일시·개최장소·주최당부명 그 밖에 정당의 홍보에 필요한 사항

　　※ 후보자(입후보예정자 포함)의 사진·성명(성명을 유추할 수 있는 내용 포함)과 선전구호 등 후보자(입후보예정자 포함)를 선전하는 내용은 게재할 수 없음.

　　※ 창당대회 등의 주최자는 집회종료 후 지체 없이 철거하여야 함.

7 당원집회 개최(법 제141조, 규칙 제63조)

가. 당원집회 신고 등

(1) 기　　간 : 2022. 3. 10.(목) ~ 5. 1.(일)

　　　　　[대통령선거의 선거일 후부터 선거일 전 31일까지]

　※ 선거일 전 90일[2022. 3. 3.(목)]부터 신고하고 개최하여야 하나 2022. 3. 9. 실시하는 제20대 대통령선거의 선거일 전 30일부터 선거일[2022. 2. 7.(월) ~ 3. 9.(수)]까지 집회 개최가 금지됨.

(2) 개최장소

　　해당 정당의 사무소, 주민회관, 공공기관·단체의 사무소 그 밖의 공공시설 또는 다수인이 왕래하는 장소가 아닌 공개된 장소

(3) 개최신고

㉮ 신고시기 : 당원집회 개최일 전일까지

㉯ 신 고 자 : 주최당부

㉰ 신 고 처 : 개최지역을 관할하는 구·시·군위원회

㉱ 신고서식 : 붙임 18 [규칙 별지 제40호서식]

㉲ 신고하지 않아도 되는 집회

- 정당의 사무소 및 당원연수시설에서 개최하는 당원집회

- 중앙당의 대표자가 참석하는 당직자회의(구·시·군단위 이상의 지역책임자급 간부와 시·도수의 10배수에 상당하는 상위직의 간부가 참석하는 회의를 말함)

- 시·도당의 대표자가 참석하는 당직자회의(읍·면·동단위 이상의 지역책임자급 간부와 관할 구·시·군의 수에 상당하는 상위직의 간부가 참석하는 회의를 말함)

⑷ 표지 첩부 또는 게시

위 "(3)-(마)"를 제외한 집회장소의 외부에 당원집회임을 표시하는 표지(1매)를 반드시 첩부 또는 게시하여야 함.

※ 표지에는 집회명·일시·장소·주최당부명·참석대상 외에 입후보예정자의 사진·성명 또는 선전 구호 그 밖에 입후보예정자를 선전하는 내용은 게재할 수 없음.

※ 당원집회 개최자는 집회종료 후 지체 없이 철거하여야 함.

나. 공공시설 등의 무료사용

(1) 대상정당

정금법 제27조(보조금의 배분)에 따라 보조금 배분대상이 되는 정당

(2) 대상시설

국가 또는 지방자치단체가 소유하거나 관리하는 주민회관·체육관 또는 문화원 그 밖에 다수인이 모일 수 있는 시설이나 장소

※ 시설의 손괴·전력의 사용 등 재산상의 손실을 끼친 때에는 해당 정당이 보상하여야 함.

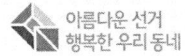

다. 당원집회 개최금지

(1) 금지기간 : 2022. 5. 2.(월) ~ 6. 1.(수) [선거일 전 30일부터 선거일까지]

(2) 금지내용

정당(당원협의회 포함)이 소속당원의 단합·수련·연수·교육 그 밖에 명목 여하를 불문하고 선거가 실시중인 선거구 안이나 선거구민인 당원을 대상으로 하는 집회를 개최할 수 없음.

※ 당무에 관한 연락·지시 등을 위하여 일시적으로 이루어지는 당원간의 면접은 당원집회로 보지 아니함.

※ 법 제112조제2항제1호 바목의 중앙당 또는 시·도당의 대표자가 참석하는 당직자회의는 당원집회 개최금지기간 중에도 개최 할 수 있음.

8 당원모집 금지(법 제144조)

가. 금지기간 : 2022. 5. 19.(목) ~ 6. 1.(수) [선거기간 중]

나. 금지행위 : 당원을 모집하거나 입당원서를 배부하는 행위

※ 시·도당의 창당 또는 개편을 위하여 창당대회·개편대회를 개최하는 경우에는 그 집회일까지 당원의 모집 및 입당원서 배부 가능함.

9 당사게시 선전물(법 제145조, 규칙 제66조)

가. 제한기간 : 2022. 5. 19.(목) ~ 6. 1.(수) [선거기간 중]

나. 제한내용

(1) 선전물 : 간판·현판·현수막(수량·규격제한 없음)

(2) 설치·게시장소 : 해당 정당 당사의 외벽면 또는 옥상

※ 선거대책기구를 설치한 정당은 법 제61조 및 규칙 제27조에 따른 선전물 첨부·게시 가능

(3) 게재내용

구호, 그 밖에 정당의 홍보에 필요한 사항과 해당 당부명 및 그 대표자 성명, 해당 정당이 추천한 후보자의 기호·성명·사진·경력등(경력·학력·학위·상벌)에 관한 사항

※ 위 게재내용 외에 후보자(입후보예정자 포함)를 지지·추천하거나 반대하는 내용을 게재할 수 없음.

(4) 설치·게시방법의 제한

해당 정당의 사무소가 있는 건물이나 그 담장을 벗어난 장소에 설치·게시하거나 애드벌룬을 이용하는 방법으로 설치·게시할 수 없음.

정당·예비후보자 등을 위한 선거사무안내

Ⅴ 후원회를 통한 후원금(정치자금) 모금

Ⅴ 후원회를 통한 후원금(정치자금) 모금

1 후원회의 정의(정금법 제3조)

후원회라 함은 「정치자금법」에 의하여 후원회지정권자에 대한 정치자금의
기부를 목적으로 설립·운영되는 단체로서 관할 선관위에 등록된 단체를 말함.

2 후원회를 둘 수 있는 자(정금법 제6조)

○ 지방자치단체의 장선거의 후보자 및 예비후보자(이하 "지방자치단체장
후보자등"이라 함)

○ 지역구지방의회의원선거의 후보자 및 예비후보자(이하 "지방의회의원
후보자등"이라 함)

3 후원회 등록(정금법 제7조, 정금규칙 제5조·제6조)

가. 등록절차

(1) 후원회의 결성

㈎ 주 체 : 후원회

㈏ 내 용

일반단체의 결성과 같이 정관이나 규약 등의 제정과 후원회 창립
회의를 개최하여 대표자를 선출하는 등의 절차 구비

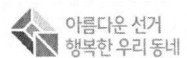

(2) 후원회 지정 및 지정서 교부

㈎ 주   체 : 지방자치단체장후보자등, 지방의회의원후보자등

㈏ 내   용 : 자신을 후원할 하나의 후원회를 지정하고 후원회지정서를
              교부함.

㈐ 지정서 서식 : 붙임 19   [정금규칙 별지 제3호서식]

(3) 후원회등록 신청

㈎ 등록기관 : 관할 위원회

㈎ 주   체 : 후원회의 대표자

㈐ 시   기 : 후원회지정권자의 지정을 받은 날부터 14일 이내

㈑ 신청서식 :   붙임 20   [정금규칙 별지 제4호서식]

㈒ 내   용 : 후원회의 명칭, 후원회의 소재지, 정관 또는 규약,
              대표자의 성명·주민등록번호·주소, 회인 및 그 대표자
              직인의 인영

㈓ 구비서류 : 정관 또는 규약, 대표자의 취임동의서, 인영서, 후원회
              지정서, 후원회결성 회의록 사본, 사무소의 소재지 약도

(4) 후원회 변경등록 신청

㈎ 주   체 : 후원회의 대표자

㈏ 시   기 : 등록사항에 변경이 생긴 때에는 14일 이내

㈐ 신청서식 :   붙임 21   [정금규칙 별지 제8호서식]

㈑ 변경등록사항 : 명칭, 소재지, 정관 또는 규약, 대표자(성명, 주민등
              록번호, 주소), 인영

나. 후원회 명칭 및 사무소 설치 등 (정금법 제9조제1·2항, 정금규칙 제7·8조)

(1) 후원회의 명칭

◎ 시·도지사후보자(예비후보자) : ○○시·도지사(예비)후보자○○○후원회

◎ 자치구·시·군의 장후보자(예비후보자) : ○○구청장·시장·군수(예비)후보자○○○
후원회

◎ 지역구시·도의회의원후보자(예비후보자) : ○○시·도○○선거구시·도의회의원(예비)
후보자○○○후원회

◎ 지역구자치구·시·군의회의원후보자(예비후보자) : ○○구·시·군○○선거구구·시·군
의회의원(예비)후보자○○○후원회

(2) 사무소 설치 : 사무소 1개소

(3) 후원회의 유급사무직원 : 2인 초과 불가

4 회계책임자 선임(정금법 제34조·제35조, 정금규칙 제32조 내지 제34조)

가. 회계책임자 선임

(1) 인 원 수 : 1인

(2) 자격요건 : 선거운동을 할 수 있는 자

나. 회계책임자 선임(겸임)신고

(1) 신고시기 : 후원회등록을 신청하는 때

(2) 신 고 처 : 관할 위원회

(3) 신고서식 : 붙임 7 [정금규칙 별지 제27호서식]

다. 회계책임자 변경신고

⑴ 변경신고 기한 : 회계책임자 변경이 있는 때로부터 14일 이내

⑵ 신고서식 : 선임 신고서 서식과 같음

⑶ 신고시 붙임서류 : 취임동의서 및 정치자금의 수입과 지출 인계·인수서

※ 정치자금의 수입과 지출 인계·인수서 : **붙임 8** 정금규칙 별지 제28호 서식

5 후원회의 모금 · 기부(정금법 제11조 내지 제14조)

가. 모금주체 : 지방자치단체장후보자등후원회, 지방의회의원후보자등후원회

나. 후원인의 기부한도 : 각각 연간 500만원

※ 지방자치단체장후보자등후원회, 지방의회의원후보자등후원회의 지정권자가 동일인인 때에는
합하여 500만원

다. 후원회의 연간 모금·기부한도액

지방자치단체장후보자등후원회, 지방의회의원후보자등후원회가 모금할 수
있는 후원금액과 지정권자에게 기부할 수 있는 한도금액은 각각 당해 선거
비용제한액의 100분의 50에 해당하는 금액

※ 지정권자가 동일인인 때에는 합하여 선거비용제한액의 100분의 50에 해당하는 금액

※ 후원인이 후원회에 후원금을 기부하는 때에는 그 성명·생년월일·주소·직업 및 전화번호를
후원회에 알려야 하나, 1회 10만원 이하, 연간 120만원 이하의 후원금은 익명으로 기부받을
수 있음.

라. 후원회의 후원금 모금방법

(1) 우편·통신(전화, 인터넷전자결제시스템 등을 말함)에 의한 모금

(2) 정치자금영수증과의 교환에 의한 모금

(3) 신용카드·예금계좌 등에 의한 모금

(4) 그 밖에 「정치자금법」과 「정당법」 및 「공직선거법」에 위반되지 아니
하는 방법

※ 집회에 의한 방법으로는 후원금을 모금할 수 없음.

6 후원회의 해산(정금법 제19조, 정금규칙 제22조)

가. 해산사유

(1) 해당 후원회지정권자가 후원회를 둘 수 있는 자격을 상실한 경우

(2) 지정권자가 후원회의 지정을 철회한 경우

(3) 후원회의 정관 등에 정한 해산사유가 발생한 경우

나. 해산 신고기한 : 해산된 날로부터 14일 이내

※ 다만, 지방의회의원후보자등 또는 지방자치단체장후보자등의 신분상실로 인하여 해산되는
경우에는 신고하지 아니함.

※ 후원회를 둔 지방의회의원예비후보자·지방자치단체장예비후보자가 지방의회의원후보자·
지방자치단체장후보자로 등록된 때에는 그 지방의회의원예비후보자후원회·지방자치단체장
예비후보자후원회는 지방의회의원후보자후원회·지방자치단체장후보자후원회로 봄.

다. 신 고 처 : 관할 위원회

라. 신고서식 : 붙임 22 [정금규칙 별지 제22호서식]

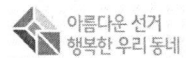

7 잔여재산 처분(정금법 제21조, 정금규칙 제4조)

가. 후원회 지정권자가 당원인 경우 : 해산 당시의 소속 정당에 인계

나. 후원회 지정권자가 당원이 아닌 경우 : 「공익법인의 설립·운영에 관한
법률」에 의하여 등록된 공익법인(학교법인을 포함) 또는 사회복지시설에 인계

※ 지방의회의원예비후보자 또는 지방자치단체장예비후보자가 후원회를 둘 수 있는 자격을 상실한 때
(정당의 공직선거 후보자선출을 위한 당내경선 또는 당대표경선에 참여하여 당선 또는 낙선한 때 제외)
에는 회계보고 전까지 국고에 귀속시켜야 한다.

8 후원회의 후원금 수입·지출 및 회계보고 세부사항

⇒ 별도 배부하는「제8회 전국동시지방선거 (예비)후보자 및 그 후원회의 정치자금
회계실무」참조

정당· 예비후보자 등을 위한 선거사무안내

VI 선거법 위반행위 예방·단속

행복한 대한민국
아름다운 선거

Ⅵ 선거법 위반행위 예방·단속

1 위법행위 안내 · 예방

가. 위법행위 예방·단속활동의 근거

(1) 위반행위에 대한 중지·경고 또는 시정명령권(선거관리위원회법 제14조의2)

(2) 선거범죄와 관련한 장소출입권, 질문·조사권, 자료제출요구권(법 제272조의2제1항)

(3) 선거범죄에 사용된 증거물품 수거권(법 제272조의2제2항)

(4) 관계자에 대한 동행 또는 출석요구권(법 제272조의2제4항)

(5) 현장조치권(법 제272조의2제5항) 등

나. 선거법위반행위 신고센터 운영

(1) 각급 선거관리위원회 사무실

(2) 선거법질의 및 위반행위 신고 전화 '1390번' 운영

2 중대선거범죄 · 지역토착형 불법행위 집중단속

가. 중대선거범죄 불법행위 집중단속으로 공정성 확보

(1) 5대 중대선거범죄

(가) 매수 및 기부행위

(나) 후보자 추천 관련 금품수수

⒟ 허위사실공표·비방

⒠ 공무원 등 조직적 선거관여

⒢ 선거여론조사결과 왜곡 공표

⑵ 지역토착형 불법행위

㈎ 기부행위, 동창회·향우회·산악회 등 지역적 연고가 있는 단체의 선거관여행위

㈏ 토호세력과의 유착에 의한 불법선거운동조직 설치·운영 행위

㈐ 선거브로커 및 지역 언론(여론조사 포함)의 위법행위 등

나. 중대선거범죄 및 지역토착형 불법행위에 단속역량 집중

⑴ 광역조사팀 등 단속인력 집중 투입

⑵ 무관용의 원칙하에 고발 등 엄중조치

3 자수자에 대한 특례

가. 대 상

⑴ 법 제230조제1항·제2항, 제231조제1항 및 제257조제2항을 위반한 사람 중 금전·물품, 그 밖의 이익 등을 받거나 받기로 승낙한 사람(후보자와 그 가족 또는 사위의 방법으로 이익 등을 받거나 받기로 승낙한 사람 제외)

⑵ 다른 사람의 지시에 따라 법 제230조제1항·제2항 또는 제257조제1항을 위반하여 금전·물품, 그 밖의 재산상의 이익이나 공사의 직을 제공하거나 그 제공을 약속한 사람

나. 내 용

위 '가'의 대상이 자수한 때에는 그 형을 감경 또는 면제함.

4 선거범죄신고자 등의 보호

가. 대 상

선거범죄에 관한 신고·진정·고소·고발 등 조사 또는 수사단서의 제공, 진술 또는 증언 그 밖의 자료제출행위 및 범인검거를 위한 제보 또는 검거 활동을 한 사람

※ 선거범죄란 법 제16장 벌칙에 규정된 죄(제261조제9항의 과태료에 해당하는 위법행위 포함)를 말함.

나. 사 유

신고 등의 행위를 한 사람이 그와 관련하여 피해를 입거나 입을 우려가 있다고 인정할 만한 상당한 이유가 있는 경우

다. 보호내용

선거범죄에 관한 형사절차 및 선거관리위원회의 조사과정에서 「특정범죄 신고자 등 보호법」 제5조·제7조·제9조부터 제12조까지 및 제16조를 준용함.

※ 누구든지 보호되고 있는 선거범죄신고자 등이라는 정을 알면서 그 인적사항 또는 선거범죄 신고자 등임을 알 수 있는 사실을 다른 사람에게 알려주거나 공개 또는 보도하여서는 아니 됨.

5 10배 이상 50배 이하 과태료 부과제도

가. 부과대상

(1) 법 제116조를 위반하여 금전·물품·음식물·서적·관광 그 밖의 교통편의를 제공받은 사람

(2) 법 제230조제1항제7호에 규정된 사람으로서 같은 항 제5호의 사람으로 부터 금품, 그 밖의 이익을 제공받은 사람

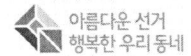
(3) 법 제116조를 위반하여 제113조에 규정된 사람으로부터 주례행위를 제공받은 사람

※ 제공받은 금액 또는 음식물·물품 등의 가액이 100만원을 초과하는 사람은 제외(형사처벌 대상)

나. 부과금액

제공받은 금액 또는 음식물·물품 등의 가액의 10배 이상 50배 이하에 상당하는 금액(주례의 경우에는 200만원), 상한은 3천만원

다. 과태료의 감경 또는 면제

제공받은 금액 또는 음식물·물품(제공받은 것을 반환할 수 없는 경우에는 그 가액에 상당하는 금액) 등을 선거관리위원회에 반환하고 자수한 경우

6 선거범죄신고자에 대한 포상금 지급제도

가. 대 상

선거범죄에 대하여 선거관리위원회가 인지하기 전에 그 범죄행위의 신고를 한 사람

나. 지 급 액

최고 5억원의 범위 안에서 포상금심사위원회가 의결한 금액

다. 포상금 반환 사유

(1) 담합 등 거짓의 방법으로 신고한 사실이 발견된 경우

(2) 혐의 없음 또는 죄가 안됨을 이유로 사법경찰관의 불송치결정이나 검사의 불기소처분이 있는 경우

(3) 무죄의 판결이 확정된 경우

정당· 예비후보자 등을 위한 선거사무안내

VII 선거여론조사

행복한 대한민국
아름다운 선거

Ⅶ   선 거 여 론 조 사

1 선거여론조사 개념

○ "선거에 관하여"라 함은 당해 선거를 위한 선거운동이 되지 않더라도 당해 선거를 동기로 하거나 빌미로 하는 등 해당 선거와 관련이 있는 경우를 말함(대법원 2003. 9. 26. 선고 2003도2230 판결).

○ 정당에 대한 지지도나 당선인을 예상하게 하는 여론조사 뿐 아니라 '선호 한다, 선택한다, 투표한다, 호감간다, 적합하다 등' 지지의 속성을 가지고 있는 문항은 선거여론조사에 해당됨.

2 선거여론조사 신고 및 실시(의뢰)

가. 선거여론조사 실시(변경)신고(법 제108조제3항, 제261조제3항)

(1) 주 체 : 누구든지(아래에 해당하는 자는 제외)

◆ 실시신고 제외대상 ◆

① 제3자로부터 여론조사를 의뢰받은 여론조사 기관·단체
   ※ 여론조사기관·단체에 선거여론조사 실시를 의뢰한 경우 의뢰를 한 제3자(후보자 등)가 신고
② 정당(창당준비위원회와 「정당법」 제38조에 따른 정책연구소 포함)
③ 「방송법」 제2조에 따른 방송사업자
④ 전국 또는 시·도를 보급지역으로 하는 「신문 등의 진흥에 관한 법률」 제2조 에 따른 신문사업자
⑤ 「잡지 등 정기간행물의 진흥에 관한 법률」 제2조에 따른 정기간행물사업자
⑥ 「뉴스통신진흥에 관한 법률」 제2조에 따른 뉴스통신사업자
⑦ 위 ③~⑥에 해당하는 사업자가 관리·운영하는 인터넷언론사
⑧ 전년도 말 기준 직전 3개월 간의 일일 평균 이용자 수가 10만명 이상인 인터넷 언론사 ⇒ 중앙선거여론조사심의위원회가 매년 1월 중 결정·공표

(2) 기　　한 : 선거여론조사(비공표·보도용 포함) 개시일 전 2일까지

　　※ 신고내용 변경 시 변경사항을 여론조사 실시 전까지 신고

(3) 신고처 : 관할 선거여론조사심의위원회(이하 "여심위"라 함)

　○ 중앙여심위 : 전국 또는 2 이상 시·도의 선거구민 대상 여론조사

　○ 시·도여심위 : 하나의 시·도의 선거구민 대상 여론조사

(4) 신고사항 및 방법 등

　○ 신고사항 : [별지] 예시 참조

　○ 서　　식 : 중앙여심위 홈페이지[(www.nesdc.go.kr)−도움마당−자료실(신청

　　　　　　　서식)] 참조

　○ 신고방법 : 서면(중앙여심위 홈페이지, 우편, 팩스 등 이용 가능)

　　※ 여론조사기관·단체가 의뢰자를 대신하여 신고서 제출 가능

나. 선거일전 60일(2022. 4. 2.)부터 투표용지 유사모형 등에 의한 선거여론조사
　　금지(법 제108조제2항)

(1) 주　　체 : 누구든지

(2) 금지행위 : 투표용지와 유사한 모형에 의한 방법을 사용하거나 후보자
　　(후보자가 되고자 하는 자 포함) 또는 정당의 명의로 선거여론조사 금지

　　※ 다만, 법 제57조의2 제2항에 따른 여론조사(당내경선 후보자로 등재된 자를 대상으로 정당의
　　　당헌·당규 또는 경선후보자간의 서면합의에 따라 실시한 당내경선을 대체하는 여론조사)는
　　　그러하지 아니함.

다. 편향된 어휘나 문장으로 질문 금지[법 제108조제5항제1호, 선거여론조사기준
　　(이하 "기준")제6조]

(1) 주　　체 : 누구든지

(2) 금지사항

○ 경력 등을 특정 후보자(후보자가 되고자 하는 자 포함)에게 유·불리하게 질문하는 행위

　※ 후보자(예비후보자 포함)의 경력은 후보자 등록 시 제출한 직업 또는 주요 경력 사용

○ 아래 내용으로 질문지 작성 또는 질문하는 행위

　① 주관적 판단이나 편견이 개입된 어휘나 표현

　② 특정 정당(창당준비위원회 포함. 이하 'Ⅶ.선거여론조사'에서 같음) 또는 후보자 (후보자가 되고자 하는 자 포함. 이하 'Ⅶ.선거여론조사'에서 같음)에 대하여 긍정적 또는 부정적 이미지를 유발할 수 있는 내용

　※ 부정적 어휘 등을 사용하여 특정 후보자에게 편향되도록 문항을 작성하는 경우

　③ 선거운동 목적으로 특정 정당 또는 후보자의 정책·정견·경력 등 홍보

　④ 특정 정당·후보자 비방 또는 허위의 사실

　⑤ 그 밖에 ①～④의 어느 하나에 준하는 표현이나 내용

라. 피조사자의 의사 왜곡 금지(법 제108조제5항제2호, 기준 제4조, 제6조)

⑴ 주　　체 : 누구든지

⑵ 금지사항

○ 피조사자에게 응답을 강요하거나 조사자의 의도에 따라 응답을 유도하는 방법으로 질문하거나, 피조사자의 의사를 왜곡하는 행위

○ 편향된 응답을 유도하도록 질문순서를 정하거나 응답항목을 구성하는 행위

○ 정당의 명칭이나 후보자의 성명을 일정한 간격에 따라 순환하지 않은 행위

　※ 정당의 명칭이나 후보자 성명의 가나다순, 소속 정당의 국회의원 의석수(같은 의석을 가진 정당이 둘 이상인 때에는 그 정당 명칭의 가나다순)에 따른 조사임을 밝히거나 「공직선거법」 제49조제1항에 따른 후보자등록기간 종료 후에 후보자의 기호 순으로 실시하는 경우 제외

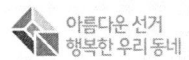

마. 사행성 조장 방법 금지(법 제108조제5항제3호)

 (1) 주   체 : 누구든지

 (2) 금지행위 : 오락 기타 사행성을 조장할 수 있는 방법으로 조사하는 행위

바. 피조사자 성명 공개 불가(법 제108조제5항제4호, 기준 제7조제3항)

 (1) 주   체 : 누구든지

 (2) 금지행위 : 피조사자의 성명이나 성명을 유추할 수 있는 내용을 공개하는 행위

사. 후보자가 실시한 여론조사비용의 선거비용 산입(법 제120조제10호)

 (1) 기   간 : 예비후보자등록신청개시일부터 선거일까지

 (2) 대   상 : 후보자 실시 선거여론조사

 (3) 횟   수 : 4회 초과분부터 산입
    ※ 선거여론조사 비용은 보전하지 않음(법 제122조의2제2항)

아. 당내경선을 위한 여론조사 관련 거짓응답 지시 등 금지(법 제108조제11항제1호)

 (1) 주   체 : 누구든지

 (2) 내   용
  ○ '당내경선을 위한 여론조사'란 당내경선을 대체하는 여론조사, 정당이 당내
     경선에 앞서 컷오프 대상자 파악 또는 경선 후보자의 경쟁력 확인을 위하여
     실시하는 여론조사 등을 의미함.
  ○ 당내경선을 위한 여론조사의 결과에 영향을 미치게 하기 위하여 다수의
     선거구민을 대상으로 성별·연령·주소·지지정당 등을 거짓으로 응답하도록
     지시·권유·유도하는 행위가 금지됨.

자. 동일인의 중복응답 또는 지시·권유·유도(법 제108조제11항제2호)

(1) 주   체 : 누구든지

(2) 내   용

○ 선거여론조사에서 착신 전환 등 방법으로 둘 이상의 전화번호를 사용하여 같은 사람이 두 차례 이상 응답하거나 이를 지시·권유·유도하는 행위가 금지됨.

○ 당내경선을 위한 여론조사도 본조에서 규율하는 선거여론조사의 범위에 포함됨.

차. 기타 유의사항

○ 선거여론조사기준을 따르지 아니하고 공표 또는 보도를 목적으로 선거여론조사를 하거나 그 결과를 공표 또는 보도하는 행위 금지

○ 특정 정당이나 후보자에게 유·불리한 결과를 가지고 올 수 있는 표본추출틀 사용 금지

○ 후보자가 구축하거나 제공한 데이터베이스를 표본추출틀로 사용 금지

○ 피조사자 선정과정을 거치지 아니한 조사대상자가 자발적 의사에 따라 응답자로 참여하는 조사방법 금지

  ※ 예시) 입후보예정자가 웹사이트에서 제공하는 설문시스템 등을 이용하여 선거여론 조사를 생성한 후 웹사이트 방문자가 자발적으로 이에 참여하는 방식으로 여론 조사를 진행하는 행위

○ 최소 표본수 및 가중값 배율을 충족하지 못한 조사결과 공표·보도 금지

  ※ 최소 표본수(조사완료 사례수)(기준 제4조제6항)

    – 대통령선거[2개 이상의 특별시·광역시·특별자치시·도·특별자치도(이하 시·도라 함) 대상 여론조사에 한정] 또는 전국단위 조사 : 1,000명

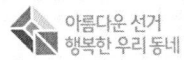

- 광역단체장선거(2개 이상 자치구·시·군 대상 여론조사에 한정) 또는 시·도단위 조사 : 800명

- 지역구국회의원선거 또는 자치구·시·군단위 조사 : 500명

- 지역구지방의회의원 선거 조사 : 300명

※ 가중값 배율 준수여부 확인(기준 제5조제1항) : 성별·연령대별·지역별 각 0.7 ~ 1.5

3 선거여론조사결과 공표·보도

가. 정당·후보자 등이 실시한 여론조사결과의 공표·보도 금지(법 제108조제12항, 법 제256조제1항)

(1) 주   체 : 누구든지

(2) 금지행위(아래의 경우 공표·보도 불가)

○ 정당 또는 후보자가 실시한 해당 선거여론조사

※ 정당의 정책연구소가 등록된 선거여론조사기관에 의뢰하여 실시하는 경우는 공표·보도 가능

※ 정당 또는 후보자가 실시한 후보단일화 여론조사 결과(후보자별 득표율)의 공표·보도는 불가하나 후보단일화 결과로 선출된 후보자(A정당 후보자 OOO)는 공표·보도 가능

- A후보자 OO%, B후보자 △△% 등 발표 불가

○ 선거여론조사기관이 아닌 여론조사기관·단체가 실시한 여론조사

※ 선거여론조사기관이란 법 제8조의9에 따라 관할 여심위에 등록된 여론조사기관·단체를 말함.

○ 여심위에 의해 고발되거나 법에 따른 여론조사 관련 범죄로 기소된 선거여론조사기관이 실시한 선거여론조사

※ 해당 선거여론조사기관에 대하여 불송치결정 또는 불기소 처분이 있거나 무죄판결이 확정된 때에는 공표 또는 보도 가능

(3) 금지기간 : 해당 선거일의 투표마감시각까지

나. 선거여론조사결과 왜곡 공표·보도 금지(법 제96조제1항)

(1) 주　　체 : 누구든지

(2) 금지행위 : 선거여론조사 결과를 왜곡하여 공표 또는 보도하는 행위

다. 선거일전 6일(2022. 5. 26.)부터 선거여론조사 결과 공표·보도 금지(법
　　제108조제1항)

(1) 주　　체 : 누구든지

(2) 금지행위 : 선거에 관하여 정당에 대한 지지도나 당선인을 예상하게 하는
　　　　　　　여론조사 결과 공표 · 보도 금지

　※ 선거일 전 6일 이전에 실시된 여론조사 결과를 위 공표금지 기간 중 공표하는 경우
　공표금지 기간 이전에 실시된 것임을 명확히 표시하여야 함.

(3) 금지기간 : 선거일전 6일부터 해당 선거일의 투표마감시각까지

라. 미등록 여론조사결과 등 공표·보도 금지(법 제108조제8항, 기준 제17조)

(1) 주　　체 : 누구든지

(2) 내　　용

○ 선거여론조사결과 공표·보도 시 중앙여심위 홈페이지(www.nesdc.go.kr)에
　등록된 선거여론조사 결과만 공표·보도하여야 함.

○ 관할 여심위가 위법하다고 결정한 여론조사 결과는 공표·보도할 수
　없음.

마. 여론조사결과 공표·보도시 함께 공표·보도해야 할 사항(법 제108조제6항, 기준
　　제18조 · 제18조의2)

(1) 주　　체 : 누구든지

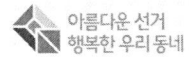

(2) 준수사항

○ 최초 공표·보도(12가지)

① 조사의뢰자, ② 선거여론조사기관, ③ 조사지역, ④ 조사일시, ⑤ 조사대상, ⑥ 조사방법, ⑦ 표본의 크기, ⑧ 피조사자 선정방법[전화조사의 경우 유 · 무선(RDD, 휴대전화가상번호 등) 응답비율을 포함], ⑨ 응답률, ⑩ 표본오차, ⑪ 질문내용, ⑫ 권고 무선 응답비율(전화조사에서 무선전화 응답비율이 100분의 60에 미달한 때에 한함)

※ 예시) 피조사자 선정방법 : 유선전화 RDD 50%, 무선전화 RDD 50% (권고 무선 응답비율은 60% 이상)

○ 인용 공표·보도(4가지)

① 조사의뢰자, ② 선거여론조사기관, ③ 조사일시, ④ '그 밖의 사항은 중앙여심위 홈페이지 참조'

○ 다수 선거여론조사 분석결과 공표·보도(5가지)

① 분석의뢰자, ② 분석기관·단체 ③ 분석대상(기간, 건수, 출처), ④ 분석방법, ⑤ 각 여론조사 내용은 중앙여심위 홈페이지 참조

※ 분석결과의 객관성 · 공정성을 확인할 수 없는 어휘나 문장을 사용하여서는 아니 됨.

4 여론조사결과에 대한 이의신청

가. 여론조사 실시신고서 보완요구에 대한 이의신청(법 제108조제4항)

(1) 신청자 : 신고내용에 대한 관할 여심위의 보완요구에 이의가 있는 자

(2) 신청처

○ 중앙여심위 : 전국 또는 2 이상 시·도 선거구민 대상 여론조사

○ 시·도여심위 : 하나의 시·도의 선거구민 대상 여론조사

(3) 신청서식 : │붙임 23│ [선거여론조사심의위원회의 구성 및 운영에 관한 규칙(이하 이 편에서
　　　　　　　　　 '심의규칙' 이라 함) 별지 제3호 서식]

(4) 방　법 : 서면으로 신청하되 그 이유를 소명하는 증빙자료 첨부 가능(심의
　　　　　　　규칙 제19조제1항)

나. 공표·보도된 여론조사 결과에 대한 이의신청(법 제108조제9항)

(1) 신청자 : 공표·보도된 여론조사 결과의 객관성·신뢰성에 대하여 이의가 있는
　　　　　　　정당 또는 후보자

(2) 신청처 : 위 '가. (2)'와 같음.

(3) 신청서식 : │붙임 24│ [심의규칙 별지 제4호 서식]

(4) 방　법 : 서면으로 신청하되 그 이유를 소명하는 증빙자료 첨부 필수(심의
　　　　　　　규칙 제19조제2항)

다. 이의신청에 대한 심의·결정

　○ 당사자 등에게 의견진술 기회 부여 및 여론조사기관·단체에 자료제출
　　　요구 가능

　○ 인용·기각·각하 결정 후 신청인 등에게 통지

　○ 법 위반 혐의 인정 시 해당 여심위에서 조치

　　※ 기타 선거여론조사 관련 세부 사항은 '선거여론조사 가이드북' 참조

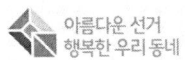

〈 신고서 작성 예시 〉

여론조사 실시(변경) 신고서

1. 신고인 인적사항

성 명	생년월일	주 소	전화번호	공직선거법 상 신분
홍길동	19○○년 ○월 ○일	서울특별시 ○○구 ○○로 ○	02)○○○-○○○○	예비후보자

2. (조사기관 · 단체) · (선거여론조사기관)
가. (기관 · 단체명) · (선거여론조사기관명) : ◇◇◇ 리서치
나. 대표자 성명 : □ □ □
다. 사무소 소재지(주소) : 서울시 ○○구 ○○로 ○ (전화번호 : 02-▽▽▽-▽▽▽▽)

3. 조사 목적 : ○○선거(○○선거구명) 예비후보자 지지도 조사

4. 조사 방법 등

조사지역	조사일시	표본의 크 기	조사방법	피조사자 선정방법	공표·보도 여부	기타
서울	2022. 4. 7. 10:00~21:00 2022. 4. 8. 15:00~20:00	800명	전화면접조사 (유·무선 전화 병행)	·성별, 연령대별, 지역별 인구비례할당 ·RDD(유선, 무작위 추출)	여, 부	

5. 전체 설문내용 : 별지 첨부
　2022년 6월 1일 실시하는 제8회 전국동시지방선거에서 선거에 관한 여론조사를 실시하기 위하여 「공직선거법」 제108조제3항에 따라 위와 같이 신고합니다.

20 년   월   일

신고인 홍 길 동 ㊞

○○○선거여론조사심의위원회 귀중

정당·예비후보자 등을 위한 선거사무안내

부　록

행복한 대한민국
아름다운 선거

1 일정별 주요 신고·신청·제출사항 목록

일　　정	실 시 사 항	대　　상
2022. 2. 1.(화)부터 2022. 5. 11.(수)까지	예비후보자 등록신청 [시·도지사 및 교육감선거]	예비후보자 → 관할선거구위원회
2022. 2. 18.(금)부터 2022. 5. 11.(수)까지	예비후보자 등록신청 [시·도의원, 구·시의원 및 장의 선거]	예비후보자 → 관할선거구위원회
2022. 3. 20.(일)부터 2022. 5. 11.(수)까지	예비후보자 등록신청 [군의원 및 장의 선거]	예비후보자 → 관할선거구위원회
2022. 2. 1.(화)부터	정당선거사무소 설치·변경 신고	정당 → 관할구·시·군위원회
예비후보자등록 후부터 2022. 5. 16.(월)까지	예비후보자홍보물 발송 ※ 발송신고 : 발송일 전 2일까지	예비후보자 → 관할선거구위원회
2022. 3. 10.(목)부터 2022. 5. 18.(수)까지	정강·정책 방송연설 ※ 연설신고 : 방송일 전 3일까지	중앙당 → 중앙위원회
2022. 3. 10.(목)부터 2022. 5. 1.(일)까지	당원집회 신고 ※ 집회신고 : 당원집회 개최일 전일까지	정당 → 개최지 관할구·사군위원회
2022. 3. 10.(목)부터 2022. 5. 18.(수)까지	정강·정책 신문광고 게재 ※ 인증서 교부신청 : 광고전까지	중앙당 → 중앙위원회
2022. 5. 7.(토)부터 2022. 5. 13.(금)까지	무소속후보자의 추천장 검인·교부	관할선거구위원회 → 무소속 후보자
2022. 5. 12.(목)부터 2022. 5. 13.(금)까지	후보자 등록신청 (오전 9시부터 오후 6시까지)	정당(비례대표)·후보자 → 관할선거구위원회
2022. 6. 1.(수)	투표·개표	

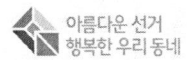
아름다운 선거
행복한 우리 동네

2 예비후보자등록신청서 작성예시 및 작성요령

가. 작성예시

예 비 후 보 자 등 록 신 청 서

1. 선 거 명(선거구명) : □□도의회의원선거(□□시제1선거구)
2. 소속정당명 : □□□당
3. 성   명 : 홍 길 동   (한자 : 洪 吉 童)
4. 주민등록번호 : 123456-7890123
5. 주소(전화번호, 휴대전화번호) : ○○도 ○○시 △△구 △△로 □□
   [(02)123-4567, 010-1234-5678]
6. 직   업 : 정당인
7. 학   력 : ○○대학교 □□학과 졸업
8. 경   력 : (전) 제○대 ○○시의회의원
   　　　　　　(현) 주식회사 ○○○ 대표이사

　2022년 6월 1일 실시하는 ○○선거에서 예비후보자로 등록을 신청합니다.

　　　　　　　　　　　　　　　　　2022 년   월   일
　　　　　　　　　　　　신청인 예비후보자   ○   ○   ○   ㉑

○○선거관리위원회 귀중

※ 덧붙임 서류
　(1) 가족관계증명서 ○통
　(2) 사직원접수증 또는 해임된 것을 증명하는 서류(해당자에 한함)
　(3) 주민등록표 초본
　(4) 재직증명서(「공직선거법」 제16조제4항에 해당하는 지방자치단체의 장에 한함)
　(5) 전과기록증명에 관한 제출서
　(6) 정규학력 증명에 관한 제출서
　(7) 비당원확인서(교육감선거에 한함)
　(8) 교육경력 등 증명에 관한 제출서(교육감선거에 한함)
　(9) 인영신고서
　(10) 사진(5×7cm) ○매

나. 작성요령

기 재 항 목	기 재 요 령
"1. 선 거 명"란	○ 입후보하고자 하는 선거명과 선거구명을 기재 ○ 지방자치단체의 장 선거 및 교육감선거는 "선거구명"란 생략
"2. 소속정당명"란	○ 정당소속 예비후보자는 "소속정당명"을 기재하고, 무소속 비후보자는 "무소속"으로 기재
"3. 성 명"란	○ 한글과 한자를 병기함. ○ 가족관계증명서에 기재된 성명을 정확히 기재하여야 함. ☞ "류, 라" 등으로 기재를 원하는 예비후보자는 예비후보자등록전에 「가족관계의 등록등에 관한 법률」 제104조에 따라 본인의 등록기준지를 관할하는 가정법원에 등록부정정허가(결정통보)를 받아 구·시·읍·면의 장에게 정정신청을 통해 정정하여야 함. ☞ 다만, 관행적으로 성(姓)을 사용해온 경우라면 예비(후보자)등록신청서를 제외한 예비후보자 홍보물이나 명함, 선거벽보, 선거공보, 현수막, 선거사무소 간판 등 선거운동과 관련한 홍보물 등에는 "이(리)○○, 유(류)○○, 나(라)○○" 또는 "이○○(리○○), 유○○(류○○), 나○○(라○○)"등과 같이 병기할 수 있음.
"4. 주민등록번호"란	○ 예비후보자 본인의 주민등록번호 기재
"5. 주 소"란	○ 예비후보자등록신청 당시 주민등록표상의 예비후보자 본인의 도로명 주소지를 정확히 기재함.
"6. 직 업"란	○ 예비후보자 본인이 예비후보자등록신청 시 현재 가지고 있는 대표적인 직업을 기재함. ☞ 예시) 정당인, ○○회사 대표 등
"7. 학 력"란	○ 학력은 정규학력에 관한 출신학교명 또는 국내 정규학력에 준하는 외국의 교육기관에서 이수한 학력을 사실대로 기재함. ※ "학교명"은 졸업·수료당시의 학교명을 말하며, 학교를 중퇴한 경우에는 수학기간을 기재하여야 함. ※ 외국학력의 경우에는 교육과정명, 수학기간 및 학위를 취득한 때의 취득학위명을 기재하고, 한글번역문도 함께 제출하여야 함. ※ 정규학력이 있는 자는 '독학' 또는 '무학'으로 기재 불가(다만, 학력기재를 원하지 않는 경우는 '미기재'로 기재할 수 있음) ○ "학력증명서"의 제출은 예비후보자홍보물, 예비후보자공약집(지방자체단체장선거에 한함), 선거벽보, 선거공보(후보자정보공개자료 포함), 선거공약서(지방자치단체장선거에 한함) 및 후보자의 인터넷 홈페이지에 게재하였거나 게재하고자 하는 학력 중 최종학력 증명서를 제출하여야 하고, 국내 정규학력에 준하는 외국의 교육기관에서 이수한 학력의 경우 게재하였거나 게재하고자 하는 학력의 각 증명서(한글번역문을 첨부함)를 모두 제출하여야 함. ☞ ○○대학교를 거쳐 △△대학교 대학원을 졸업한 사람이 선거벽보 등에 ○○대학교 졸업이하 학력만 게재하고자 하는 때 ⇒ 후보자등록신청시 ○○대학교의 학력증명서만 제출하면 됨(이 경우 고등학교 이하 학력 증명서는 제출하지 않음).
"8. 경 력"란	○ 주요 경력을 2개 이내로 적되, 현직의 경우 "(현)"으로, 현직이 아닌 경우 "(전)"으로 표시
"신 청 인"란	○ 예비후보자 본인의 성명을 기재하고 도장을 날인해야 함.

3 각종 신고·신청·제출 서식 목록

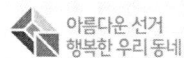

붙임 1

[규칙 별지 제12호서식의(나)]

예비후보자등록신청서

1. 선거명(선거구명)

2. 소속정당명

3. 성   명   (한자 :   )

4. 주민등록번호

5. 주   소(전화번호, 휴대전화번호)

6. 직   업

7. 학   력

8. 경   력

　　2022년 6월 1일 실시하는 ○○선거에서 예비후보자로 등록을 신청합니다.

　　　　　　　　　　　　　　　　　　　　　2022년　　　　월　　　　일

　　　　　　　　　　　　　　신청인　　예비후보자　○ ○ ○　　㊞

○○선거관리위원회 귀중

※ 덧붙임 서류 : ⑴ 가족관계증명서
　　　　　　　　 ⑵ 사직원접수증 또는 해임된 것을 증명하는 서류(해당자에 한함)
　　　　　　　　 ⑶ 주민등록표 초본
　　　　　　　　 ⑷ 재직증명서(「공직선거법」 제16조제4항에 해당하는 지방자치단체의 장에 한함)
　　　　　　　　 ⑸ 전과기록증명에 관한 제출서
　　　　　　　　 ⑹ 정규학력 증명에 관한 제출서
　　　　　　　　 ⑺ 인영신고서
　　　　　　　　 ⑻ 사진(5×7cm) ○매

주: 1. 지방자치단체의 장의 선거에서는 "선거구명"란은 작성하지 아니합니다.

2. 학력은 정규학력과 이에 준하는 외국의 교육과정을 이수한 학력을 기재하되, 정규학력을 기재하는 때에는 졸업 또는 수료당시의 학교명(중퇴한 경우 수학기간 포함)을, 국내 정규 학력에 준하는 외국의 교육기관에서 이수한 학력을 기재하는 때에는 그 교육과정명과 수학기간 및 학위를 취득한 때의 취득학위명을 명확하게 사실대로 기재하여야 합니다.

3. 국내 정규학력에 준하는 외국의 교육기관에서 이수한 학력증명서는 한글번역문을 함께 제출하여야 합니다.

4. 경력은 주요 경력을 2개 이내로 적되, 현직의 경우 "(현)"으로, 현직이 아닌 경우 "(전)"이라 표시하여야 합니다.

5. 한글로 표기된 성명은 투표용지에 그대로 게재되므로 가족관계증명서에 기재된 성명을 정확히 기재하여야 합니다.

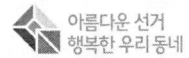

[교육규칙 별지 제1호서식] 교육감선거 예비후보자용

예비후보자등록신청서

1. 선   거   명
2. 성   명   (한자 :   )
3. 주민등록번호
4. 주   소(전화번호, 휴대전화번호)
5. 직   업
6. 학   력
7. 경   력

　　　2022년 6월 1일 실시하는 ○○교육감선거에 있어서 예비후보자로 등록을 신청합니다.

　　　　　　　　　　　　　　　　　　　2022년　　　　　월　　　　　일

　　　　　　　　　　　　　　신청인　예비후보자　○　○　○　㊞

○○선거관리위원회 귀중

※ 덧붙임 서류 : ⑴ 가족관계증명서
　　　　　　　　　⑵ 사직원접수증 또는 해임된 것을 증명하는 서류(해당자에 한함)
　　　　　　　　　⑶ 주민등록표 초본
　　　　　　　　　⑷ 재직증명서(「공직선거법」 제16조제4항에 해당하는 교육감에 한함)
　　　　　　　　　⑸ 비당원확인서
　　　　　　　　　⑹ 전과기록증명에 관한 제출서
　　　　　　　　　⑺ 교육경력 등 증명에 관한 제출서
　　　　　　　　　⑻ 정규학력 증명에 관한 제출서
　　　　　　　　　⑼ 인영신고서
　　　　　　　　　⑽ 사진(5×7cm) ○매

주: 1. 학력은 정규학력을 기재하여야 하며, 학력을 기재하는 때에는 출신학교명 또는 국내 정규학력에 준하는 외국의 교육기관에서 이수한 학교명(졸업·수료·중퇴 당시의 학교명을 말함)과 중퇴한 경우에는 수학기간을 명확하게 사실대로 기재하여야 합니다.

2. 국내 정규학력에 준하는 외국의 교육기관에서 이수한 학력증명서는 한글번역문을 함께 제출하여야 합니다.

3. 경력은 주요 경력을 2개 이내로 적되, 현직의 경우 "(현)"으로, 현직이 아닌 경우 "(전)"이라 표시하여야 합니다.

4. 한글로 표기된 성명은 투표용지에 그대로 게재되므로 가족관계증명서에 기재된 성명을 정확히 기재하여야 합니다.

붙임 1-1

[규칙 별지 제12호서식의(사)]

범죄경력조회신청서

신 청 인	성 명 (정당의 명칭과 대표자)		주민등록번호	
	주 소 (소재지)		(전화번호)	
조 회 대 상 자	성 명 (한 자)	( )	주민등록번호	
	주 소			

　　2022년 6월 1일 실시하는 ○○선거의 예비후보자 등록을 위하여 「공직선거법」 제60조의2제8항에 따라 범죄경력을 조회하오니 형의 실효에 불구하고 조회대상자의 벌금 100만원 이상의 형의 범죄경력(실효된 형을 포함함)에 관한 기록을 회보하여 주시기 바랍니다.

2022년 　　월 　　일

신청인　　　○　　　○　　　당 ㉲

대표자　　○　○　○　㉲

예비후보자가 되려는 사람　○○○　㉲

○○경찰서장 귀하

주 : 정당이 여러 명의 범죄경력을 함께 조회하는 경우에는 조회대상자 "성명"란에 "별지참조"라 기재하여 첨부합니다.

붙임 1-2

[규칙 별지 제12호서식의㈐]

전과기록증명에 관한 제출서

선 거 명		선거구명	
소속정당명		후보자성명	

<table>
<tr><td colspan="3" align="center">전 과 기 록</td></tr>
<tr><td align="center">죄 명</td><td align="center">형량(처분결과)</td><td align="center">처분일자</td></tr>
<tr><td></td><td></td><td></td></tr>
</table>

첨부서류 : 범죄경력조회 회보서 1부.

   2022년 6월 1일 실시하는 ○○선거에서 「공직선거법」 제60조의2제2항에 따라 전과기록에 관한 증명서를 위와 같이 제출합니다.

2022년   월   일

위   예비후보자   ㉛

○○선거관리위원회 귀중

주: 1. 지방자치단체의 장선거에서는 "선거구명"란은 작성하지 아니합니다.
   2. 첨부하는 범죄경력조회 회보서는 "공직선거후보자용"으로 발급된 회보서를 제출하여야 합니다.
   3. 전과기록은 선거기간개시일 전 150일이후에 발급받은 범죄경력조회 회보서에 의하여 작성하여야 합니다.

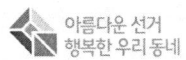

붙임 1-3

[규칙 별지 제12호서식의(타)]

정규학력증명에 관한 제출서

선 거 명		선 거 구 명	
소 속 정 당 명		후 보 자 성 명	

국 내 정 규 학 력

학력(수학기간)	증명서명	발급번호	발급기관명

외국의 교육기관에서 이수한 학력

학력(수학기간)	증명서명	발급번호	발급기관명

덧붙임 : 증명서(외국 학력증명서의 경우 한글번역문을 포함함)   부.

　　2022년 6월 1일 실시하는 　○○선거에서 「공직선거법」 제60조의2제2항제3호에 따라 정규학력에 관한 증명서를 위와 같이 제출합니다.

2022년　　　월　　　일

위 예비후보자　　　　　　　ⓘ

○○선거관리위원회 귀중

주: 1. 지방자치단체의 장선거에서는 "선거구명"란은 작성하지 아니합니다.

2. 국내 정규학력은 최종학력을 기재하여야 하며, 정규학력을 기재하는 때에는 졸업 또는 수료 당시의 학교명(중퇴한 경우 수학기간 포함)을, 국내 정규학력에 준하는 외국의 교육기관에서 이수한 학력을 기재하는 때에는 그 교육과정명과 수학기간 및 학위를 취득한 때의 취득 학위명을 명확하게 사실대로 기재하여야 합니다. 이 경우 증명서 제출이 요구되는 학력은 예비후보자홍보물·예비후보자공약집·선거벽보·선거공보·선거공약서 및 후보자가 운영하는 인터넷 홈페이지에 게재하였거나 게재하려는 학력을 말하며, 국내 정규학력은 최종학력에 한합니다.

3. 국내 정규학력에 준하는 외국의 교육기관에서 이수한 학력증명서는 한글번역문을 함께 제출 하여야 합니다.

4. 학력은 출신학교 등 해당 교육기관으로부터 발급받은 증명서에 의하여 작성하여야 합니다.

붙임 1-4

[교육규칙 별지 제2호서식] 교육감선거 예비후보자용

비 당 원 확 인 서

1. 선   거   명
2. 성   명   (한자 :   )
3. 생년월일(성별)   (   )
4. 주   소

　　본인은 2022년   5월   12일(후보자등록신청 개시일) 현재 과거 1년 동안 어느 정당의 당원도 아니었음을 확인합니다.

　　　　　　　　　　　　　2022년　　　　　월　　　　　일

　　　　　　　　　　　　　확인자　○　○　○　　(인)

○○선거관리위원회 귀중

붙임 1-5

[교육규칙 별지 제3호서식] 교육감선거 예비후보자용

교육경력 등 증명에 관한 제출서

선 거 명						
예비후보자	성 명 (한자)			생년월일 (성별)		
	주 소			전 화 번 호 (이동전화번호)		

교 육 경 력 등						
구 분	경력명	경 력 기 간				비 고
		부터 ~ 까지	기 간	소 계		
교육경력			년 월	년 월		
			년 월			
			년 월			
교육행정경력			년 월	년 월		
			년 월			
			년 월			
합			계			

첨부 : 교육경력·교육행정경력 증명서   부.

　　2022년 6월 1일 실시하는 ○○교육감선거에서 「지방교육자치에 관한 법률」 제49조에 따라 교육경력 등에 관한 증명서를 위와 같이 제출합니다.

　　　　　　　　　　　2022년　　　월　　　일
　　　　　　　　　　　위　　예비후보자　　　　　　(인)

○○ 선거관리위원회 귀중

주 : 1. 교육경력 또는 교육행정경력 증명서는 예비후보자등록신청개시일 전 또는 후보자등록 신청개시일 전 1월 이후에 발급받은 증명서에 의하여 작성하여야 합니다.
2. 교육경력 또는 교육행정경력 증명서는 해당 기관의 장이 발급한 경력증명서를 말합니다.

[규칙 별지 제13호서식]

인 영 신 고 서

예 비 후 보 자 ○ ○ ○	인 영

○ ○ ○ 예비후보자 선 거 사 무 장 □ □ □	인 영

2022년 6월 1일 실시하는 ○○선거○○선거구에 있어서 사용할 인장의 인영을 위와 같이 신고합니다.

2022년   월   일

신고인 ⌈ 예 비 후 보 자 ○ ○ ○ ㉑ ⌉
      ⌊ 선 거 사 무 장 ○ ○ ○ ㉑ ⌋

○○선거관리위원회 귀중

붙임 3

[규칙 별지 제15호서식]

예비후보자 사퇴신고서

1. 선거명(선거구명)
2. 소 속 정 당 명
3. 예비후보자 성명
4. 주 민 등 록 번 호
5. 사 퇴 사 유

　　　본인은 2022년 6월 1일 실시하는 ○○선거에서 예비후보자를 사퇴하고자 신고합니다.

　　　　　　　　　　　　　　　　　　　　　2022년 　　월 　　일

　　　　　　　　　　　　　　　　신고인 예비후보자 ○ ○ ○ 　㉖

○○선거관리위원회 　귀중

주: 지방자치단체의 장의 선거는 "선거구명"란은 작성하지 아니합니다.

붙임 4

[규칙 별지 제16호서식의㉮]

선거사무소의 (설치)·(변경)신고서

1. 예비후보자성명(정당명) :

2. 신고내역

명칭	소재지	(설치)·(변경)	연월일	전화번호	비고

   2022년 6월 1일 실시하는 ○○선거에서 선거사무소를 (설치)·(변경)하였으므로 위와 같이 신고합니다.

2022년   월   일

신 고 인   예비후보자   ○ ○ ○ ㊞

○○선거관리위원회 귀중

주: 1. "명칭"란에는 선거사무소라고 기재하여야 합니다.

    2. "소재지"란에는 지명으로 알아보기 쉬운 건물명 등을 기재하여야 합니다.

붙임 5

[규칙 별지 제16호서식의㈏]

(선거사무장)·(선거사무원)·(활동보조인)·(배우자등)의
(선임)·(해임)·(교체) 신고서

1. 예비후보자성명(정당명) :

2. 신고내역

구분	성명	생년월일	주소	전화번호	직업	(선임)·(해임)·(교체)	연월일	일련번호	비고

    2022년 6월 1일 실시하는 ○○선거에서 (선거사무장)·(선거사무원)·(활동보조인)·(배우자등)을 (선임)·(해임)·(교체)하였으므로 위와 같이 신고합니다.

붙임 1. 예비후보자의 장애인증명서류 사본 1부.
    2. 선거사무장 인영신고서 : 1매

2022년   월   일

신고인 ┌ 예 비 후 보 자   ○ ○ ○ ⑩ ┐
         └ 선 거 사 무 장   ○ ○ ○ ⑩ ┘

○○선거관리위원회 귀중

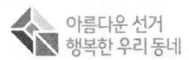

주: 1. "구분"란에는 선거사무장·선거사무원·활동보조인·배우자등을 구분하여 적되, 배우자등을 신고하는 때에는 "배우자"·"(예비)후보자가 지정한 사람"·"직계존속" 또는 "직계비속" 등으로 적습니다.

2. 선거사무원·활동보조인은 선거사무장이 신고할 수 있으며, 배우자등은 예비후보자가 신고할 수 있습니다.

3. 교체하는 때에는 "교체"란에 이미 신고된 사람 "○○○와 교체"라고 적습니다.

4. "일련번호"란은 관할 선거관리위원회가 적습니다.

5. 신고할 인원이 많은 때에는 그 명단을 따로 만들어 붙일 수 있으며, 이 경우 각 쪽 사이에는 신고인의 도장을 찍어야 합니다.

6. 활동보조인을 신고하고자 하는 예비후보자는 「공직선거관리규칙」 제27조의3 제1항 각 호의 어느 하나에 해당함을 증명하는 서류 또는 증명서 사본을 함께 제출하여야 합니다.

붙임 6

[규칙 별지 제16호서식의(라)]

선거사무장 등의 표지 재교부신청서

1. 분실자 인적사항

　가. 신　　분　　명:　　　　　　　　　　　　　（직업 :　　　　　　）

　나. 성　　　　　명:

　다. 생년월일(성별):

　라. 주　　　　　소:

2. 분실일시:

3. 분실장소:

4. 분실사유:

위와 같이 표지를 분실하여 재교부 신청합니다.

2022년　　　월　　　일

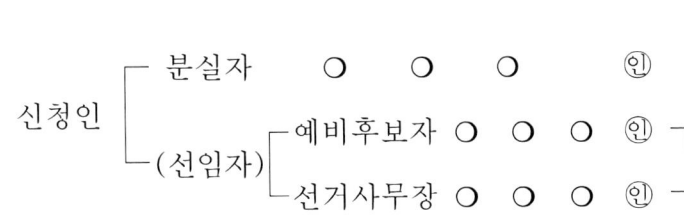

신청인 ┌ 분실자　　　○　　○　　○　　　㊞
　　　　└ (선임자) ┌ 예비후보자 ○　○　○　㊞ ┐
　　　　　　　　　 └ 선거사무장 ○　○　○　㊞ ┘

○○선거관리위원회 귀중

주 : 1. "직업"란은 「공직선거법」 제62조제5항에 따라 선거사무원 수에 산입하지
　　　아니하는 사람에 한하여 적습니다.

　　2. "신분명"란은 선거사무장·선거사무원·회계책임자·활동보조인·배우자·(예비)
　　　후보자가 지정한 사람·직계존비속 중 해당 신분을 적습니다.

　　3. "분실사유"는 구체적으로 적어야 합니다.

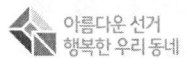
붙임 7

[정금규칙 별지 제27호서식]

회계책임자(선임)·(겸임)·(변경) 신고서

문서번호

회계책임자	성명	(한자 :)	주민등록번호	
	주소		전 화 번 호	

(선임)·(겸임)·(변경)연월일	년 월 일

겸임하는 회계책임자의 신분	

정 치 자 금 예 금 계 좌	예금주	금융기관명	계좌번호	비고
수 입 용				
지 출 용				

「정치자금법」 (제34조제1항)·(제34조제3항)·(제35조제1항) 및 「정치자금사무
관리 규칙」 제32조제1항의 규정에 의하여 위와 같이 회계책임자를 (선임)·(겸임)·
(변경) 신고합니다.

2022년   월   일

○   ○   ○   ㉑

○○선거관리위원회 귀중

※ 구비서류
  1. 회계책임자의 취임동의서 1부
  2. 정치자금 수입·지출용 예금통장 사본 각 1부(예금계좌 개설 신고 시)
  3. 선거비용지출액 약정서 1부
  4. 정치자금 수입과 지출 인계·인수서 1부(변경신고 시)

주: 1. 정치자금 수입용 예금계좌는 그 수에 제한이 없으며, 정치자금 지출용 예금계좌는 1개만 신고
     하여야 합니다.
   2. 선거비용지출액 약정서는 선거사무소 회계책임자에 한합니다.
   3. 신고인은 회계책임자의 선임권자인 정당(정책연구소, 정당선거사무소를 포함한다)대표자,
     후원회대표자, 국회의원, 대통령선거경선후보자, 당대표경선후보자등, 공직선거의 후보자
     및 예비후보자, 선거연락소장이 됩니다.

붙임 7-1

회계책임자 취임동의서

성 명	(한 자 :)	
주 소		
생 년 월 일		
전 화 번 호	(자택)	(휴대전화)

본인은 ( )의 회계책임자로 취임함을 동의합니다.

2022년 월 일

성 명 ○○○ (서명 또는 날인)

○○○ 귀하

주 : 이 서식은 동의자가 작성하여 선임권자에게 제출합니다.

붙임 7-2

[정금규칙 별지 제29호서식]

예금계좌 (신고)·(변경신고)서

문서번호

구 분		예 금 주	금융기관명	계 좌 번 호	비 고
변경전	수입용				
	지출용				
변경후	수입용				
	지출용				

「정치자금법」 제34조제4항제1호 및 「정치자금사무관리 규칙」 제34조제1항의 규정에 의하여 위와 같이 정치자금의 수입·지출용 예금계좌를 (신고)·(변경신고)합니다.

2022년   월   일

○ ○ ○ (인)

○○선거관리위원회 귀중

※ 구비서류 : 예금통장 사본 각 1부

주 : 1. 정치자금 수입용 예금계좌는 그 수에 제한이 없으며, 정치자금 지출용 예금계좌는 1개만 신고하여야 합니다.
  2. 신고인은 회계책임자의 선임권자인 정당(정당선거사무소를 포함한다)대표자, 후원회대표자, 공직선거의 후보자 및 예비후보자, 선거연락소장이 됩니다.
  3. 예금계좌 신고시에는 "변경후"란은 작성하지 아니합니다.

붙임 7-3

[정금규칙 별지 제30호서식]

선거비용지출액 약정서	
선 거 비 용 제 한 액	원
회계책임자가 지출할 수 있는 금액의 최고액	원

　　2022년 6월 1일 실시하는 ○○선거에 있어서 「정치자금법」 제34조제4항 및 「정치자금사무관리 규칙」 제34조제2항의 규정에 의하여 회계책임자 ○○○이(가) 선거비용제한액 한도 내에서 지출할 수 있는 금액의 최고액을 위와 같이 약정합니다.

　　　　　　　　　　　　2022년　　　　월　　　　일

　　　　　　　　○○○선거 예비후보자 ○ ○ ○　　㊞

　　　　　　　　선거사무소 회계책임자 ○ ○ ○　　㊞

○○선거관리위원회 귀중

주 : 1. 후보자·예비후보자가 선거사무소의 회계책임자를 겸한 경우에는 작성하지 아니합니다.
　　 2. 회계책임자의 변경시 선거비용제한액에서 전임 회계책임자가 지출한 금액을 제외한 금액범위 내에서 약정액을 기재하여야 합니다.
　　 3. 대통령선거정당추천후보자, 비례대표국회의원선거 및 비례대표지방의회의원선거 후보자의 경우 약정은 회계책임자를 선임한 정당의 대표자와 그 회계책임자가 합니다.

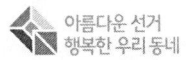

붙임 8

[정금규칙 별지 제28호서식]

정치자금의 수입과 지출 인계·인수서

인계자	성명		주민등록번호	
	주소		전 화 번 호	
인수자	성명		주민등록번호	
	주소		전 화 번 호	
인계·인수내역				
인계·인수연월일		년 월 일		

　회계책임자가 변경되었기에 「정치자금법」 제35조제2항 및 「정치자금 사무관리 규칙」 제32조제3항의 규정에 의하여 정치자금의 수입과 지출에 관하여 위와 같이 인계·인수합니다.

2022년　　　월　　　일

인계자(직위) 전 회계책임자 ○○○ ㊞

인수자(직위) 현 회계책임자 ○○○ ㊞

입회자(직위)　　　　　　　 ○○○ ㊞

주 : 1. 인계·인수서는 회계책임자를 변경한 때마다 3부를 작성하여 인계·인수자가 각각 1부씩 보관하고, 나머지 1부는 회계책임자가 변경신고시 첨부하여야 합니다.

　　2. "인계·인수내역"란에는 재산, 정치자금의 사용잔액, 회계장부, 예금통장·신용카드, 후원회인·그 대표자 직인, 구입·지급품의서, 지출결의서, 영수증 등 지출증빙서류 및 정치자금영수증(원부포함) 그 밖의 관계 서류 등으로 하되, 그 내용이 많을 경우 별지로 작성할 수 있습니다.

　　3. "입회자"란에는 선임권자가 서명·날인합니다.

붙임 9

[규칙 별지 제15호의2서식의(아)]

자동 동보통신을 이용한 문자메시지 전송용 전화번호 신고서

1. 선 거 명(선거구명) :

2. 예비후보자 성명 :

3. 신고내역

회차	전송용 전화번호	전송 예정일	전송 예정 통수	비고

2022년 6월 1일 실시하는 ○○선거에서 「공직선거법」 제59조제2호에 따라 자동 동보통신을 이용한 문자메시지 전송용 전화번호를 위와 같이 신고합니다.

2022년   월   일

신고인 : 예비후보자   ㉑

○○선거관리위원회   귀중

주: 1. 지방자치단체의 장선거에서는 "(선거구명)"은 적지 아니합니다.
    2. 2회 이상의 신고를 한꺼번에 할 수 있습니다.
    3. 전송용 전화번호는 처음 신고한 하나의 번호를 계속 사용하여야 합니다.

붙임 10

[규칙 별지 제15호의3서식의(개)]

예비후보자홍보물 발송용 봉투

(앞 면)

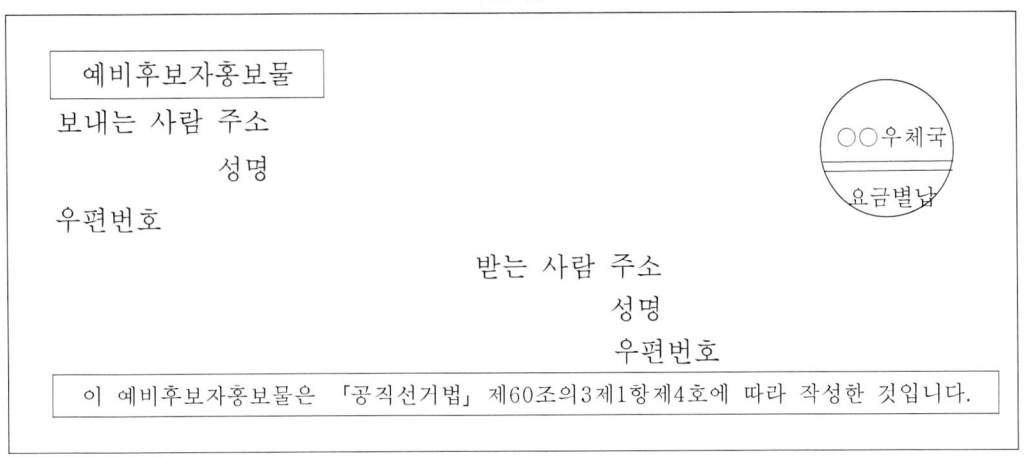

(뒷 면)

주 : 1. 이 봉투는 예비후보자가 「공직선거법」 제60조의3에 따른 예비후보자홍보물을 보내는 데 사용합니다.

2. 봉투의 규격은 예비후보자홍보물을 넣을 수 있는 크기로 합니다.

3. 이 봉투 앞면의 오른쪽 윗부분에 요금별납의 표시를 하여야 합니다.

4. 이 봉투의 뒷면에는 예비후보자 자신의 홍보에 필요한 사항을 적을 수 있습니다

붙임 11

[규칙 별지 제15호의3서식의(나)]

예비후보자홍보물 발송신고서

1. 선거명(선거구명) :

2. 예비후보자 성명 :

3. 예비후보자홍보물 제작내역

구 분	제 작 내 역				비고
	인 쇄 사			작성수량	
	명 칭	주 소	전화번호		
발송용 봉투					
예비후보자홍보물					

4. 발송내역

발송일시	발송대상·지역	발송수량 (금회/누계)	발송우체국명
		/	
		/	
		/	

　　2022년 6월 1일 실시하는　　○○선거에서 「공직선거법」 제60조의3에 따른 예비후보자홍보물을 발송하고자 위와 같이 신고합니다.

붙임 : 예비후보자홍보물 2부

2022년　　　월　　　일

신고인 : 예비후보자 ○○○ ㊞

○○선거관리위원회 귀중

주 : 1. 지방자치단체의 장 선거에서는 "선거구명"은 작성하지 아니합니다.

　　2. "발송대상·지역"란에는 시·도지사선거에서는 구·시·군 단위까지 적으며, 지역구 시·도의원
　　　선거, 지역구 자치구·시·군의원선거 및 자치구·시·군의 장 선거에서는 읍·면·동 단위까지
　　　적습니다.

　　3. "발송수량"란에는 발송대상·지역별로 발송할 수량을 적되, 누계는 신고횟수와 상관없이 최초
　　　발송수량부터 합산해야 합니다.

　　4. 예비후보자홍보물을 발송하는 때에는 발송일 전 2일까지 관할 선거구위원회에 신고하여야 합니다.

　　5. 예비후보자홍보물의 제출은 전자적 파일로 대신할 수 있습니다.

　　6. 예비후보자홍보물을 수회에 걸쳐 발송하려는 때에는 최초 신고시에 일괄신고할 수 있습니다.

붙임 12

[규칙 별지 제15호의4서식의(가)]

세대주명단 교부 신청서

○○선거 ○○선거구

명단의 종류	신청대상	신청세대수	비 고

「공직선거법」 제60조의3제3항의 규정에 따라 세대주명단의 교부를 위와 같이 신청합니다.

덧붙임 : 작성비용　　　　　원

2022년　　월　　일

신청인　예비후보자　　○ ○ ○ ㊞

○○구·시·군의 장 귀하

주 : 1. 명단의 종류에는 "일반명단" 또는 "전산자료 복사본"을 기재합니다.

　　2. "신청대상"은 지역별·연령별·성별 등을 특정하여 기재하여야 합니다.

　　3. 예비후보자는 선거구 안에 있는 세대수의 100분의 10 이내에 해당하는 수까지만 신청할 수 있습니다.

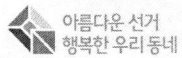

붙임 13

[규칙 별지 제15호의5서식]

예비후보자공약집 제출서

1. 선 거 명 :

2. 예비후보자 성명 :

3. 예비후보자공약집 발간내역

발간수량	발간비용	1권당 판매가격	출 판 사 ( )			비고
			명 칭	주 소	전화번호	
			( )	( )	( )	

 2022년 6월 1일 실시하는 ○○선거에서 「공직선거법」 제60조의4에 따라 예비후보자공약집을 판매하고자 위와 같이 제출합니다.

붙임 : 예비후보자공약집 2권

2022년   월   일

제출인 : 예비후보자 ○○○ ㊞

○○선거관리위원회 귀중

주 : 출판사와 인쇄사가 다른 경우 인쇄사의 명칭·주소·전화번호는 "출판사"란의 해당란의 ( )안에 같이 적고, 출판사를 이용하지 아니하고 발간한 경우에는 "출판사"를 "인쇄사"로 고쳐서 적되, ( )는 작성하지 아니합니다.

붙임 14

[규칙 별지 제16호서식의(마)]

정당선거사무소 (설치)·(변경) 신고서

명칭	소재지	(설치)·(변경)	연월일	정당선거사무소장				비고
				성 명	주민등록 번 호	주 소	전화번호	

　　2022년 6월 1일 실시하는 ○○선거에 있어서 정당선거사무소를 (설치)·(변경)하였으므로 위와 같이 신고하며, 아울러 정당선거사무소장은 ○○당의 당원임을 확인합니다.

덧붙임 : 정당선거사무소인영 등　　매. 끝.

2022년　　　월　　　일

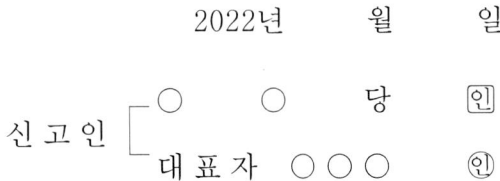

○○선거관리위원회　귀중

주 : 1. "명칭"란에는 정당선거사무소 앞에 구·시·군(하나의 구·시·군이 2이상의 국회의원지역구로 된 경우에는 국회의원지역구)명을 붙입니다.

　　2. "소재지"란에는 지명으로 알아보기 쉬운 건물명 등을 기재하여야 합니다.

　　3. 정당선거사무소장의 변경신고를 하는 때에는 "비고"란에 "이미 신고된 ○○○과 교체"라고 기재하여야 합니다.

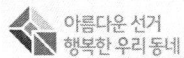

붙임 14-1

[규칙 별지 제16호서식의(마) 별지]

정당선거사무소인영 등

○○당 ○○정당선거사무소	인　영
정당선거사무소장 ○○○	인　영

붙임 15

[규칙 별지 제18호의3서식]

신문광고게재인증서의 교부신청서

교 부 신 청 수 량	비 고

2022년 6월 1일 실시하는 ○○선거에서 신문광고게재인증서의 교부를 위와 같이 신청합니다.

2022년   월   일

신청인 ┌ ○ ○ 당 ㉑
      └ 대 표 자 ○ ○ ○ ㉑

○○선거관리위원회 귀중

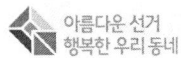

붙임 16

[규칙 별지 제22호서식의(라)]

정당의 방송연설신고서

연설자		방송시설 구분	방송시설명	이용일시 (부터~까지)	소요시간	비고
성명	주소(전화)					
		텔레비전				
		라디오				
		텔레비전				
		라디오				

2022년 6월 1일 실시하는 ○○선거에 있어서 「공직선거법」 제137조의2제6항의 규정에 따라 정당의 방송시설을 이용한 연설을 하고자 위와 같이 신고합니다.

덧붙임 : 방송시설이용계약서 사본   부

2022년   월   일

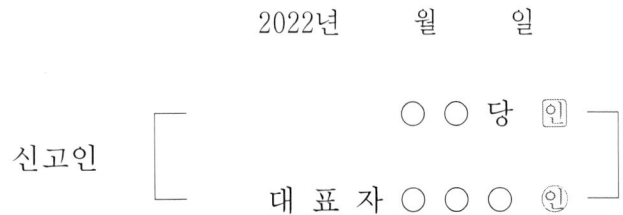

신고인   ○ ○ 당 ㉑
        대 표 자 ○ ○ ○ ㉑

○○선거관리위원회 귀중

주 : 1. 이 신고서는 임기만료에 의한 선거에 있어서 정당의 정강·정책의 방송연설의 신고 시에 사용합니다.
   2. "이용일시"란은 분까지 기재하여야 합니다.
   3. "비고"란에는 "녹화방송" 또는 "생방송"으로 기재합니다.

붙임 17

[규칙 별지 제38호서식]

(정강·정책홍보물)·(정책공약집)·(정당기관지)제출서

1. 배부지역

2. 배부당부

3. 배부내역

품 명	배부가능수량	배부수량	배부방법	비 고
정강·정책홍보물				
정 책 공 약 집				
정 당 기 관 지				

2022년 6월 1일 실시하는 ○○선거에서 「공직선거법」 (제138조)·(제138조의2)·(제139조)에 따라 (정강·정책홍보물)·(정책공약집)·(정당기관지)를 배부하고자 위와 같이 제출합니다.

덧붙임 : (○○정강·정책홍보물)·(정책공약집)·(정당기관지) (2부)·(2권)·(각 2부)

2022년   월   일

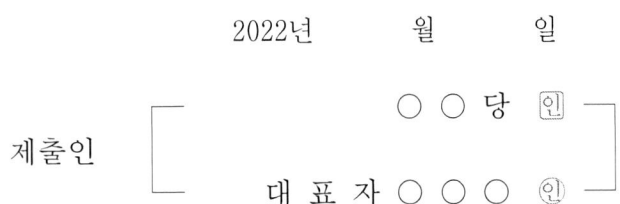

제출인

○ ○ 당 ㉑

대 표 자 ○ ○ ○ ㉑

○○선거관리위원회   귀중

주 : 1. "배부지역"은 배부할 선거구명 또는 행정구역명 등을 기재합니다.

　2. "배부가능수량"은 정강·정책홍보물의 경우 배부대상지역의 소속당원수를, 정당기관지의 경우 그 동안의 통상적인 배부수량을 기재합니다.

　3. 정책공약집을 판매하려는 경우에는 "배부가능수량"은 "판매하려는 수량"을, "배부방법"에는 "판매하려는 장소"를 기재하고, "비고"란에는 권당 가격을 기재합니다.

　4. 정강·정책홍보물, 정책공약집, 정당기관지의 제출은 전자적 파일로 대신할 수 있습니다.

붙임 18

[규칙 별지 제40호서식]

당원집회 개최신고서

1. 주최정당

2. 개최내역

집회명	개최일시	개최장소(소재지)	참석대상자수	비고

「공직선거법」 제141조제2항의 규정에 따른 당원집회를 개최하고자 위와 같이 신고합니다.

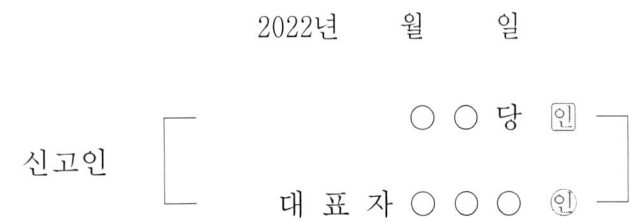

2022년　　월　　일

신고인　　○ ○ 당 ⑪

대 표 자 ○ ○ ○ ⑪

○○선거관리위원회　귀중

붙임 19

[정금규칙 별지 제3호 서식]

후원회(지정)·(지정철회)서

문서번호

명 칭				
사무소의 소재지			전화번호	
대표자	성 명	(한자 :)	주민등록번호	
	주 소		전화번호	
(지정)·(지정철회)연월일		2022년 월 일		

「정치자금법」 제6조·제7조제3항 및 「정치자금사무관리 규칙」 제5조에 따라 위와 같이 후원회를 (지정)·(지정철회)합니다.

년 월 일

┌─ ○○시·도지사(예비후보자)·(후보자)   ○○○   (인) ─┐
├─ ○○자치구·시·군의 장(예비후보자)·(후보자)   ○○○   (인) ─┤
├─ ○○시·도○○선거구시·도의회의원(예비후보자)·(후보자)   ○○○   (인) ─┤
└─ ○○구·시·군○○선거구구·시·군의회의원(예비후보자)·(후보자)   ○○○   (인) ─┘

○○○후원회 귀중

주 : "명칭" 란에는 「정치자금사무관리 규칙」 제7조에 따른 후원회의 명칭을 기재합니다.

붙임 20

[정금규칙 별지 제4호 서식]

후원회 등록신청서

문서번호

명칭				
사무소의 소재지			전화번호	
대표자	성명	(한자 :)	주민등록번호	
	주소		전화번호	
정관 또는 규약				
회인 및 대표자 직인의 인영				

후원회를 위와 같이 결성하였기에 「정치자금법」 제7조제1항 및 「정치자금사무관리규칙」 제6조제1항에 따라 후원회의 등록을 신청합니다.

2022년   월   일

○○후원회 대표자   직인

○○선거관리위원회 귀중

※ 구비서류
1. 정관 또는 규약 1부
2. 대표자의 취임동의서 1부
3. 인영서<별지> 1부
4. 후원회지정서 1부
5. 후원회결성 회의록 사본 1부
6.사무소의 소재지 약도 1부

주 : 1. "명칭"칸에는 「정치자금사무관리 규칙」 제7조에 따른 후원회의 명칭을 기재합니다.
    2. 회의록은 기록자·확인자의 서명·날인이 있어야 하며, 사본을 제출하는 때에는 "원본대조필" 표시와 담당자의 날인이
       있어야 합니다.

[정금규칙 별지 제4호 서식 별지]

인 영 서	
명 칭	
회 인	
	※ 인영에 표시된 문자 :
대표자 직인	
	※ 인영에 표시된 문자 :
비 고	

주 : 1. 후원회의 등록(신고)시 또는 이미 등록(신고)된 회인과 대표자 직인의 변경등록(신고)시
     사용합니다.

2. "명칭"란에는 「정치자금사무관리 규칙 제7조의 규정에 따라 기재합니다.

3. 인영은 알아보기 쉽게 깨끗하고, 뚜렷하게 붉은 색으로 날인합니다.

4. "비고"란에는 등록(신고) 또는 변경등록(신고)의 사유와 일자 등을 담당공무원이 기재합니다.

[정금규칙 별지 제8호 서식]

후원회 (변경등록신청)·(변경신고)서

문서번호

구분		변경내용		변경일자	변경사유
명칭					
사무소의 소재지			전화번호		
대표자	성명	(한자 :)	주민등록번호		
	주소		전화번호		
정관 또는 규약					
회인 및 대표자 직인의 인영					

「정치자금법」 제7조제4항 및 「정치자금사무관리 규칙」 제11조제1항의 규정에 의하여 위와 같이 후원회의 (변경등록신청을)·(변경신고를) 합니다.

2022년   월   일

○○후원회 대표자 │ 직인 │

○○선거관리위원회 귀중

※ 구비서류
1. 정관 또는 규약 1부
2. 대표자의 취임동의서 1부
3. 인영서 1부
4. 회의록 사본 1부
5. 사무소의 소재지 약도 1부

주 : 1. "변경내용"란에는 기등록사항 중 변경이 있는 사항만 기재하고, 구비서류는 변경내용에 해당될 경우에 한합니다.
   2. "명칭"란에는 「정치자금사무관리 규칙」 제7조의 규정에 따라 기재합니다.
   3. 인영서는 별지 제4호서식의 <별지>에 의합니다.
   4. 회의록 사본은 「정치자금법」 또는 정관(규약)의 규정에 의한 대의기관이나 수임기관의 의결에 따라 후원회 등록 사항을 변경하는 경우에 첨부합니다.
   5. 회의록에는 기록자·확인자의 서명·날인이 있어야 하며, 사본을 제출하는 때에는 "원본대조필" 표시와 담당자의 날인이 있어야 합니다.

[정금규칙 별지 제22호 서식]

후원회 해산신고서

문서번호

명 칭	○○○후원회
해 산 사 유	
해 산 연 월 일	

후원회를 위와 같이 해산하였기에 「정치자금법」 제19조제3항 본문
및 「정치자금사무관리 규칙」 제22조제1항의 규정에 의하여 이를 신고합니다.

2022년   월   일

○○○후원회 대표자   직인

○○선거관리위원회 귀중

※ 구비서류
1. 해산에 관한 회의록 사본 1부(자진해산시).
2. 후원회 지정철회서 1부(후원회 지정철회에 따른 해산시).

[심의규칙 별지 제3호 서식]

여론조사 신고 보완요구에 대한 이의신청서

이 의 신청자	(기관·단체명)· (성 명)		생년월일 (성별)	
	주 소			
	전화번호			
보완요구 대 상 여론조사	여론조사신고일자			
	보완요구일자			
	보완요구내용			
	이의신청 내용 및 이유			

2022년 6월 1일 실시하는 제20대 ○○선거에서 「공직선거법」 제108조제4항에 따라 여론조사 신고와 관련한 보완요구에 대하여 위와 같이 이의를 신청합니다.

붙임 : 이의신청 이유에 대한 증빙자료 1부(필요 시 첨부)

2022년   월   일

이의신청자   ㉑

○○선거여론조사심의위원회 귀중

주 : 1. 기관·단체가 이의신청을 할 때에는 생년월일은 기재하지 않습니다.

2. '보완요구내용', '이의신청 내용 및 이유'란은 별지로 작성할 수 있습니다.

붙임 24

[심의규칙 별지 제4호 서식]

여론조사 결과의 객관성·신뢰성에 대한 이의신청서

이 의 신청자	(정당명)·(후보자명)		생년월일 (성별)	
	주　　소			
	전화번호			
이의신청 대　　상 여론조사	공표·보도매체			
	공표·보도일자			
	공표·보도내용			
	이의신청 내용 및 이유			

　　　2022년 6월 1일 실시하는 ○○선거에서 「공직선거법」 제108조제9항제2호에 따라 여론조사 결과의 객관성·신뢰성에 대하여 위와 같이 이의를 신청합니다.

붙임 : 이의신청 이유에 대한 증빙자료 1부

2022년　　　월　　　일

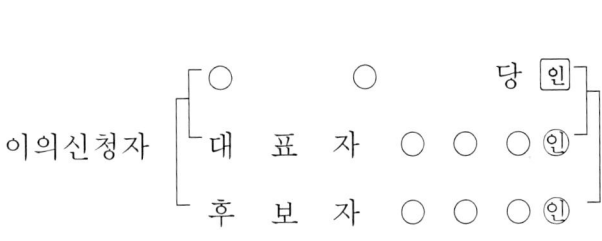

○○선거여론조사심의위원회 귀중

주 : 1. 정당이 이의신청을 할 때에는 생년월일은 기재하지 않습니다.

　　2. 후보자에는 후보자가 되려는 사람도 포함됩니다.

　　3. '공표·보도내용', '이의신청 내용 및 이유'란은 별지로 작성할 수 있습니다.

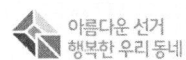

4 불공정 인터넷선거보도로 인한 피해구제 안내(법 제8조의6)

1. 이의신청

가. 신청권자 : 정당 또는 후보자(입후보예정자 포함)

나. 신 청 처 : 인터넷선거보도심의위원회

다. 신청사유 : 인터넷언론사의 선거보도에 대해 불공정하다고 판단한 경우

라. 신청기간 : 그 보도가 있음을 안 날부터 10일 이내

마. 신청서식 : 별지 1 [인터넷규칙 별지 제3호서식]

바. 조   치 : 해당 선거보도의 공정여부를 심의하여 불공정하다고 결정한
경우에는 정정보도문·경고문 게재, 경고·주의 등 조치를
통한 피해구제

2. 반론보도청구

가. 청구권자 : 왜곡된 선거보도로 인하여 피해를 받은 정당 또는 후보자(입후보
예정자 포함)

나. 청 구 처 : 인터넷선거보도심의위원회

다. 청구사유 : 당해 인터넷언론사에 반론보도를 청구하였으나 원만한 협의가
이루어지지 않은 경우

라. 청구기간 : 반론보도 협의가 이루어지지 아니하는 경우 즉시

※ 보도의 공표가 있음을 안날로부터 10일 이내에 당해 인터넷언론사에 반론보도의 방송 또는 반론보
도문의 게재 청구, 단 보도의 공표가 있은 날부터 30일이 경과한 때에는 청구 불가

라. 신청서식 : 별지 2 [인터넷규칙 별지 제4호서식]

마. 조   치 : 심의를 통해 각하·기각 또는 인용결정을 한 후 당해 정당·후보자
및 인터넷언론사에 결정내용 통지

※ 이의신청 및 반론보도청구는 인터넷선거보도심의위원회 홈페이지「One-Stop 피해
구제 시스템」을 이용하여 신청 가능

※ 불공정 선거보도 사례, 이의신청 및 반론보도청구 방법 등 기타 자세한 내용은 인터넷
선거보도심의위원회 홈페이지(www.iendc.go.kr) 참조

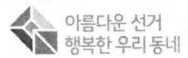

【별지 1】

[인터넷규칙 별지 제3호서식]

<table>
<tr><td colspan="9" align="center">이 의 신 청 서</td></tr>
<tr><td rowspan="4">신청인</td><td rowspan="2">정당</td><td>정 당 명</td><td>대표자성명</td><td colspan="4">사무소 소재지</td><td>전화번호</td></tr>
<tr><td></td><td></td><td colspan="4"></td><td></td></tr>
<tr><td rowspan="2">후보자</td><td>후 보 자 명</td><td>선거명선거구명</td><td>생년월일
(성별)</td><td colspan="3">주소(e-mail주소)</td><td>전화번호</td></tr>
<tr><td></td><td></td><td></td><td colspan="3"></td><td></td></tr>
<tr><td rowspan="2">피신청인</td><td>인 터 넷
언론사명</td><td>인터넷홈페이지
주 소</td><td>대표자
성 명</td><td colspan="3">사무소소재지</td><td>전화번호</td></tr>
<tr><td></td><td></td><td></td><td colspan="3"></td><td></td></tr>
<tr><td rowspan="2">이의신청
대 상</td><td>보 도 제 목</td><td>보 도 일 자</td><td colspan="4">보도게재위치(URL)</td><td>보도크기
(byte)</td></tr>
<tr><td></td><td></td><td colspan="4"></td><td></td></tr>
<tr><td>보도내용</td><td colspan="8"></td></tr>
<tr><td>이의신청
사 항</td><td colspan="8"></td></tr>
<tr><td>불 공 정
이 유</td><td colspan="8"></td></tr>
</table>

　「공직선거법」 제8조의6제2항 및 「인터넷선거보도심의위원회의 구성 및 운영에 관한 규칙」 제19조의 규정에 의하여 위와 같이 이의신청합니다.

2022년 　 　 월 　 　 일

이의신청인 ⎧ 정당명
　　　　　 ⎨ 대표자　　　　　　　　　 작인
　　　　　 ⎩ 후보자　　　　　　　　　 ㊞
　　　　　　(입후보예정자)

인터넷선거보도심의위원회 귀중

구비서류 : 선거보도(사진, 동영상 포함)전문	수 수 료
	없 음

주 : 1. 지방자치단체의 장선거에서는 "선거구명"란은 작성하지 아니합니다.
　　 2. '이의신청사항'란에는 신청인의 요구사항(시정·정정보도요구 등)을 기재합니다.
　　 3. '보도내용', '불공정 이유'란은 별지로 작성할 수 있습니다.

【별지 2】
[인터넷규칙 별지 제4호서식]

반 론 보 도 청 구 서

청구인	정당	정 당 명	대표자성명	사무소 소재지		전화번호
	후보자	후보자명	선거명선거구명	생년월일 (성별)	주소(e-mail주소)	전화번호

피청구인	인터넷 언론사명	인터넷홈페이지 주소	대표자성명	사무소 소재지	전화번호

반론보도 청구대상	보 도 제 목	보 도 일 자	보도게재위치(URL)
보도내용			

「공직선거법」 제8조의6제6항 및 「인터넷선거보도심의위원회의 구성 및 운영에 관한 규칙」 제22조의 규정에 의하여 위와 같이 반론보도를 청구합니다.

2022년   월   일

청 구 인
┌ 정당명
├ 대표자
└ 후보자
(입후보예정자)

[직인] ㉑

인터넷선거보도심의위원회 귀중

구비서류 : 1. 인터넷언론사에 청구한 반론보도청구서 2. 당사자간 협의경위와 협의가 불성립한 사유 등	수수료
	없 음

주: 1. 지방자치단체의 장선거에서는 "선거구명"란은 작성하지 아니합니다.
   2. '보도내용'란은 별지로 작성할 수 있습니다.

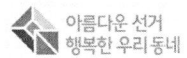
5 개인정보 보호 관련 준수사항

1. 개인정보는 정당한 절차를 통하여 수집 (개인정보 보호법 제15조)

법령의 근거 또는 정보주체의 동의 없이 개인정보를 수집하여 이용하는 행위는 개인
정보 보호법의 수집·이용 준수사항에 위배

○ (위반사례 예시) 선거홍보 메시지 발송에 이용할 목적으로 매매 등 부정한 수단이나 방법
으로 개인정보를 취득한 경우

▶ 개인정보 보호법 제59조제1호에 따라 거짓 등 그 밖의 부정한 수단이나 방법으로 개인
정보를 취득하여서는 아니 됨.

▶ 따라서, 개인정보를 수집한 타 업체에 선거사무소가 매매 등을 의뢰하여 개인정보를
취득한 경우 개인정보 보호법 위반에 해당

⇒ 3년 이하 징역 또는 3,000만원 이하 벌금

○ (위반사례 예시) 아파트 주차차량 등 공개된 장소에서 휴대전화번호 등 연락처를 수집
하는 경우

▶ 개인정보처리자는 개인정보 보호법 제15조에 따라 정보주체의 동의를 얻은 후 개인정보를
수집해야 함.

▶ 아파트 주차차량 등에 공개된 연락처 등은 사회통념상 정보주체의 동의 의사가 있었다고
인정되는 범위가 아닌 한 선거 관련 문자발송 등에 이를 이용하는 것은 개인정보 보호법
위반에 해당될 수 있음.

⇒ 5,000만원 이하 과태료

2. 최소 수집 이용 (개인정보 보호법 제16조)

성명, 생년월일, 주소, 이메일·전화번호 외 다른 개인정보를 수집하는 것은 개인정보
보호법 제16조 필요 최소 수집 원칙에 위배될 소지

공선법 상 개인정보 이용 관련 규정	법 조항	개인정보 항목
○ 선거운동(선거인명부 교부)	공선법 제46조	성명, 생년월일, 주소
○ 예비후보자 선거운동(세대주명단 교부)	공선법 제60조의3	성명, 생년월일, 주소
○ 정보통신망을 통한 선거운동 (전자우편, 전화, 문자)	공선법 제59조 공선법 제82조의4	전화번호(휴대전화번호), 이메일주소

※ 자동동보통신의 방법으로 전송하는 문자메시지는 후보자 및 예비후보자에 한하여 선관위에 신고된 1개 번호로 8회 이하만 가능(예비후보자와 후보자가 전송한 횟수 포함)

3. 정보주체의 수집 출처 요청 시 준수사항 (개인정보보호법 제20조)

○ 정보주체의 요구가 있으면, 즉시 ① 개인정보의 수집출처, ② 개인정보의 처리 목적, ③ 개인정보 보호법 제37조에 따른 개인정보 처리의 정지를 요구할 권리가 있다는 사실을 정보주체에게 알려야 함.

※ 개인정보 보호법 상 동의를 받아 개인정보를 제공받는 경우, 요구와 관계없이 해당 사항을 알려야 함.

○ 이를 위해 정보주체 이외로부터 개인정보를 수집한 경우 수집출처 요구에 대비하여 수집출처별로 개인정보를 구분·범주화하여 관리

※ 수집출처에 관한 사실을 모른다거나 알 수 없다고 밝히는 것만으로는 고지의무를 이행한 것으로 볼 수 없음.

○ (위반사례 예시) 선거사무소가 전화번호 수집 출처를 명확히 밝히지 못하는 경우

  ▶ 개인정보 보호법 제20조 제1항에 따라 개인정보처리자는 정보주체 요구 시 수집 출처와 처리정지를 요구할 권리 등을 즉시 알려야 함.

  ▶ 따라서, 전화번호 수집출처를 고지하지 않는 경우(잘 모른다거나 알 수 없다고 답변하는 경우 포함) 개인정보 보호법 위반에 해당
    ⇒ 3,000만원 이하 과태료

4. 수집한 개인정보 파기 관련 준수사항 (개인정보 보호법 제21조)

당초 수집목적인 선거가 끝난 경우 수집한 개인정보를 지체 없이 파기해야 함.

5. 정보주체의 열람·삭제 등 요청 시 준수사항 (개인정보보호법 제35조 등)

개인정보 보호법 제35조부터 제37조에 따라 정보주체가 수신거부나 정보 삭제를 요청한 경우 지체 없이 처리해 주어야 함.

6. 개인정보 안전성 확보조치 (개인정보보호법 제29조)

수집한 개인정보가 분실·도난·유출·변조·훼손되지 않도록 안전성 확보에 필요한 조치를 해야 함.

> ➤ 개인정보를 PC에 보관할 경우 백신 등 보안프로그램 설치, 각 파일별 비밀번호 설정 등 안전성 확보조치 필요

7. 개인정보 처리방침 수립·공개 (개인정보 보호법 제30조)

수집한 개인정보에 대한 개인정보 처리방침을 수립하고 이를 정보주체가 쉽게 확인할 수 있도록 공개해야 함.

8. 개인정보 보호책임자 지정·공개 (개인정보 보호법 제31조)

수집한 개인정보 처리업무를 총괄 책임지는 개인정보 보호책임자(후보자 또는 보좌관)를 지정·공개해야 함.

6 제8회 전국동시지방선거 주요사무일정

시행일정	요일	실 시 사 항	기 준 일	관계법조
'22. 1. 15까지	토	인구수 등의 통보	인구의 기준일(예비후보자등록신청개시일이 속하는 달의 전전달 말일)후 15일까지	법§4, §60의2① 규§2①②, §118①
1. 22까지	토	선거비용제한액 공고·통지 예비후보자홍보물 발송수량 공고	예비후보자등록개시일전 10일까지	규§51①② 규§26의2③
2. 1부터	화	**예비후보자등록 신청 [시·도지사 및 교육감선거]**	선거일 전 120일부터	법§60의2①
2. 18부터	금	**예비후보자등록 신청 [시·도의원, 구·시의원 및 장의 선거]**	선거기간개시일 전 90일부터	법§60의2①
3. 3까지	목	각급선관위 위원, 예비군 중대장급 이상의 간부, 주민자치위원, 통·리·반의 장이 선거사무관계자 등이 되고자 하는 때 그 직의 사직	선거일전 90일까지	법§60②
		입후보제한을 받는 자의 사직	선거일전 90일까지[비례대표지방의원선거에 입후보하는 경우 선거일전 30일 : 5.2(월)]	법§53①②
3. 3부터 6. 1까지	목~수	의정활동 보고 금지	선거일전 90일부터 선거일까지	법§111
3. 20부터	일	**예비후보자등록 신청 [군의원 및 장의 선거]**	선거기간개시일 전 60일부터	법§60의2①
4. 2부터 6. 1까지	토~수	지방자치단체장의 선거에 영향을 미치는 행위 금지	선거일전 60일부터 선거일까지	법§86②
5. 10부터 5. 14까지	화~토	선거인명부 작성	선거일전 22일부터 5일이내	법§37, 규§10
		거소투표신고 및 거소투표신고인명부 작성		법§38, 규§11
		군인 등 선거공보 발송신청		법§65⑤
5. 12부터 5. 13까지	목~금	**후보자등록 신청 (매일 오전9시 ~ 오후6시)**	선거일전 20일부터 2일간	법§49 규§20
5. 18까지	수	선거벽보 제출	후보자등록마감일 후 5일까지	법§64② 규§29④
5. 19.	목	**선거기간개시일**	후보자등록마감일 후 6일	법§33③
5. 19부터 5. 31까지	목~화	선거방송토론위원회 주관 대담·토론회 개최	선거운동기간중	법§82의2
5. 20까지	금	선거공보 제출	후보자등록마감일 후 7일까지	법§65⑥ 규§30②
		선거벽보 첩부	제출마감일 후 2일까지	법§64② 규칙§29②⑤
5. 20.에	금	선거인명부 확정	선거일전 12일에	법§44①
5. 22까지	일	투표소의 명칭과 소재지 공고	선거일전 10일까지	법§147⑧
		거소투표용지 발송 (선거공보, 안내문 동봉)	선거일전 10일까지	법§65⑥, 154①⑤, 규§77
		투표안내문(선거공보 동봉) 발송	선거인명부확정일 후 2일까지	법§65⑥, 153①, 규§76
5. 27부터 5. 28까지	금~토	**사전투표 (매일 오전 6시 ~ 오후 6시)**	선거일전 5일부터 2일간	법§155②, §158
6. 1.	수	**투표 (오전 6시 ~ 오후 6시)**	선 거 일	법 제10장
		개표 (투표종료후 즉시)		법 제11장
6. 13까지	월	선거비용 보전청구	선거일후 10일까지(기간의 말일이 토요일 또는 공휴일인 때에는 그 익일)	법§122의2①, 민법§161 규§51의3①
7. 31이내	일	선거비용 보전	선거일후 60일이내	법§122의2① 규§51의3②

제9회 지방선거대비 당선전략

isbn 9791193186558
500페이지
정가49800원

주소 서울 강남구선능로704 청담빌딩1130호
매주금요일 16시 12층 토론장소
전화 01089612867
팩스 0504 017 2867

대한민국의 기탁금 제도 (주요 내용)
- 목적: 아무나 쉽게 후보로 나오지 못하게 하고, 진지하게 선거에 임하도록 유도
- 납부 주체: 입후보자 본인(또는 정당이 대신 낼 수도 있음)
- 금액: 선거 종류별로 다름
    - 대통령 선거:3억 원
    - 국회의원 선거:1,500만 원
    - 시·도지사 선거:5천만 원
    - 구청장·시장·군수 선거:1천만 원
    - 광역의원 선거:300만 원
    - 기초의원 선거:200만 원
    - 교육감 선거:5천만 원

저자 김정수
출생 전북고창
약력 국립대 경제학과
국내최초국가기간전산망
국내최초이동통신사업자선정
비트코인 백만장자저자
억만장자선물옵션저자
발행일 10월20일